무궁화 사랑으로 삼천리를 수놓은
남궁억

무궁화 사랑으로 삼천리를 수놓은 남궁억

| 이순자 지음 |

글을 시작하며

사람이 젊은 시절에 품은 뜻을 일평생 지켜나가기란 쉽지 않다. 흔히 우리는 그런 사람들을 위인이라하고 때로 닮고 싶은 롤모델로 삼곤 한다. 그만큼 일평생을 한결같은 마음으로 살아가기란 만만치가 않다. 여기 그와 같은 삶을 살았던 분을 소개하고자 한다. 바로 한서 남궁억 선생이다.

필자가 남궁억을 처음 알게 된 것은 찬송가를 통해서다. 우리나라 찬송가 가운데는 한국인들이 지은 가사가 많지 않은데 그 가운데 통일찬송가 371장 「삼천리 반도 금수강산」은 너무나 우리다운 가사이다. 우리나라가 일제 침략하에 갖은 수모를 겪을 무렵 지은 이 노래는 나라 잃은 백성에게 큰 경각심과 자부심을 불러일으키기에 충분하였다. 식민지 백성으로서 뒤로 물러가 침륜에 빠져 있을 것이 아니라 떨치고 일어나 할 일 많은 이 강산을 바라보며 하나님 명령을 받아 일하러 가자고 힘주어 강조했던 노래이다. 또한 멜로디도 쉬워 애국가처럼 입에서 입으로 전해졌다.

2003년 7월 필자가 근무하고 있는 한국기독교역사연구소에서 주최하는 강원도 답사 때 홍천지역의 한서교회를 방문한 적이 있었다. 그때 한서감리교회를 담임하고 계신 현재호 목사님께서 책 한 권을 선물로 주셨다. 바로 『삼천리 반도 금수강산 하나님 주신 동산』(1999)이라는 남궁억에 관한 책이었다. 필자에게는 남궁억과 두 번째 만나는 순간이었다. 더구나 남궁억에 대한 애정을 가지고 오랫동안 연구를 하신 현 목사님의 소중한 결실이기도 했다. 이 책을 선물로 받아 읽으면서 언제 기회가 되면 이 분에 대한 연구를 해봐야겠다는 마음을 먹었다. 그러다 이번 독립기념관에서 진행하는 독립운동가 열전 시리즈 집필 작업에 여러 분들의 권유로 참여하게 되면서 한서 남궁억을 다시 만나게 되었다.

남궁억은 대한제국기와 일제강점기 동안에 공직자·언론인·계몽활동가·민족운동가·교육가·신앙인 등으로 여러 방면에서 활동한 한국 근대사에서 널리 알려진 인물이다. 때문에 그에 대한 적지 않은 선행연구들이 이루어졌다. 주로 민족운동가와 교육가로서 남궁억에 대한 조명이 대다수를 차지한다. 어쩌면 남궁억의 인생여정을 살펴볼 때 이러한 경향성은 매우 타당하다고 할 수 있다.

그 가운데 남궁억의 생애 전반을 다룬 전기류로서 1960년에 출간한 김세한의 『불굴의 얼, 한서 남궁억 선생의 생애』를 시작으로 하여 현재

호의 저술과 최근 윤형섭의 『보리울 : 한서 남궁억의 생애를 통해 본 질곡의 근현대사』 1·2, 남궁억과 관련된 일화를 비롯하여 저술, 일본경찰이 남긴 심문기록, 작사한 노래를 묶은 『무궁화선비 남궁억(2010)』 등이 있다. 그 외에 『나라사랑』 11집 '한서 남궁억 선생 특집호'와 함께 여러 편의 선행 논문들이 있다. 특히 오영섭의 「1930년대 전반 홍천 십자가당사건과 기독교사회주의」는 홍천지역에서 일어난 비밀결사단체인 십자가당사건을 본격적으로 연구하면서 이 사건의 배후자로 지목된 남궁억에 대해 보다 객관적인 차원에서 정리함으로써 한동안 주춤하던 남궁억 연구에 촉매제 역할을 했다.

이 책에서는 이러한 최근까지 연구성과와 관련 1차 자료를 바탕으로 생애·활동·사상 등에 대해 재검토하였다. 특히 기독교인으로서 남궁억의 실천하는 신앙인으로서 삶과 저술을 통한 그의 역사의식을 좀 더 구체적으로 정리하려고 노력했다. 무궁화사건과 십자가당사건에 대해서는 심문조서를 기초로 하여 최근의 연구성과를 최대한 반영하였다. 그리고 독립운동가열전 시리즈가 추구하는 널리 읽힐 수 있는 대중성을 고려하여 쉽게 서술하고자 애썼다. 하지만 여전히 전문성을 가지고 객관적으로, 그리고 대중성을 함께 아우르기는 쉽지 않은 작업임을 절감하였다. 다만 그분의 인생여정을 자료에 근거하여 객관적으로 서술하고자 하였는데, 도리어 그것이 남궁억의 소중한 삶과 위대한 스승인상에 누가 되지 않았나 싶어 조심스럽다.

다가오는 2013년은 한서 남궁억 선생이 태어난 지 150년이 되는 귀중한 해이다. 이즈음에 부족하지만 그의 일생을 다시 한 번 정리해 볼 수 있는 기회를 얻은 것은 필자로서는 큰 영광이다. 모쪼록 이 책이 한서 남궁억 선생의 정신을 기리고, 그의 삶에 한 걸음 더욱 가까이 다가가고자 하는 이들에게 작은 징검다리의 한 돌이 되길 소망해본다. 끝으로 이 글을 탈고할 무렵 한서감리교회를 다시 방문하였을 때 귀한 말씀과 자료까지 내놓아 주신 현재호 목사님께 진심으로 감사드린다.

2012년 9월

이 순 자

차례

글을 시작하며 _ 4

1 왜송골의 어린 시절과 고종 알현
홀어머니 아래서 '어깨너머 공부' _ 12
동문학에 입학 _ 16
최초의 통역관으로 고종 알현 _ 17

2 관직생활과 독립협회 활동
칠곡부사로 시작한 관직생활 _ 20
토목국장 시절 종로거리에 근대식 탑골공원 건립 _ 26
독립협회 활동, '남궁고집'과 '남궁반대' _ 31

3 언론·학회활동과 애국계몽운동
『황성신문』 초대 사장으로 시작한 언론활동 _ 42
대한협회와 관동학회 활동 _ 53
청소년 통신강의록, 『교육월보』 창간 _ 61

4 청렴한 지방관리의 삶
 성주목사 시절_65
 양양군수, 현산학교를 세워 산골 농민들을 깨우다_66
 양양군수 시절 일화_71

5 실천하는 기독교인의 삶
 종교교회에서의 신앙생활_75
 배화학당 교사 시절, 『가정교육』과 무궁화 자수_79
 민족운동의 요람 상동청년학원_92

6 보리울에서 새로운 삶과 민족운동
 선향인 홍천 보리울로 귀향_95
 보리울의 '하모니카 할아버지'_103
 모곡학교의 운영과 수업 내용_114
 「삼천리 반도 금수강산」_118

7 역사저술과 역사교육, 민족교육
『동사략』으로 역사를 가르치다 _ 124
『조선니야이』와 자주적 역사의식 _ 128
한국어 교육과 취미활동 _ 144
실천으로 본을 보여준 교육자의 삶 _ 146

8 무궁화 사랑, 나라 사랑
무궁화 보급운동 _ 150
보리울 무궁화사건 _ 154
춘천선교부 십자가당사건 _ 159
수감생활 속에서 지킨 마지막 의 _ 169

9 글을 마치면서 _ 186

남궁억의 삶과 자취 _ 190
참고문헌 _ 195
찾아보기 _ 199

한서 남궁억

01 왜송골의 어린 시절과 고종 알현

홀어머니 아래서 '어깨너머 공부'

남궁억은 왜송골, 정동 배재학당 자리에서 1863년(철종14) 12월 27일 태어났다. 왜송골은 임진왜란 때 왜장 가토 기요마사加藤清正가 말을 매어두기 위해 못을 박은 소나무가 있어 붙여진 이름이다. 지금도 배재학당 동관(현재 배재학당 역사박물관) 뒤쪽에는 큰 못이 박혀있는 소나무가 세월을 묵묵히 이겨낸 모습으로 찾아오는 이들을 맞이하고 있다.

남궁억은 무과 벼슬인 중추도사中樞都事를 지낸 바 있는 아버지 남궁영南宮泳(자는 경함景涵)과 어머니 덕수 이씨 사이에서 12남매 중 외아들로 태어났다. 본관은 함열咸悅, 자는 치만致萬, 호는 한서翰西이다.

당시 형제 중 아홉 명이 천연두로 세상을 일찍 떠났고 남궁억과 딸 둘만이 남았다. 그러나 아버지마저 일찍 돌아가셔서 홀어머니 슬하에서 어렵게 어린 시절을 보냈다. 어머니는 외아들인 남궁억을 애지중지하면서도 아주 엄하게 길렀다. 그러나 여자 혼자의 몸으로 아이들을 길러야 했던 당시 생활은 빈궁하기 그지없었다. 근근이 끼니를 이어가는 어려운 생활 속에서 배움의 기회를 갖는다는 것은 정말 꿈같은 일이었다. 삯바느질을 하면서 어렵게 살아가는 형편에 남의 집 아이들처럼 글방에 보낼 수도 없는 일이었다. 글방소리만 하면 눈시울을 붉히시는 어머니 앞에서 글방에 보내달라고 조르지도 못한 남궁억은 동무들이 공부하고 있는 이사과(李司果) 댁 담 밑에 가서 종일 기웃거리며 서성이곤 하였다. 이런 어린 아들의 마음을 알고 있던 어머니의 마음은 찢어질 듯이 아팠다. 하루는 어머니가 이사과 댁을 찾아가서 훈장 조씨를 보고 머리를 조아리며 간청했다.

"훈장어른! 우리 아이가 공부를 하고 싶어 저토록 애를 태우고 있는데 맨 뒷자리에라도 앉아 글을 배울 수 있도록 허락해주시면 그 은혜 평생 잊지 않도록 하겠습니다."

그러나 훈장 어른 또한 이사과 댁의 독선생으로 있는 처지라 맘대로 뭐라고 대답을 할 수 없었다. 대신 딱한 처지를 안타까워하는 마음에 사과 어른께 직접 사정해 보라며 일러주었다. 어머니는 한달음에 직접 이사과 댁으로 찾아가 어깨너머로라도 글을 배울 기회를 달라고 거듭 간청을 하여 겨우 승낙을 받아내었다.

이후 남궁억은 비가 오나 눈이 오나 하루도 빠지지 않고 비록 뒷자리지만 열심히 '어깨너머 공부'를 시작했다. 한시도 손에서 책을 놓지 않고 공부했으며, 어느 때는 새벽녘까지 책을 보다 어머니의 성화에 못 이겨 잠자리에 들곤 했다. 어머니는 아들을 위해 어깨너머 글을 면해 주려고 밤잠을 덜 자고 눈병을 앓아 가며, 손끝에 못이 박히는 줄도 모르고

말년의 남궁억 부부

바느질 품을 팔아 학비를 마련하였다.

남궁억은 이렇게 한문공부를 시작하여 8~9년간 교육을 받았다. 어머니의 지극정성에 보답이라도 하듯 어린 나이에 사서삼경을 비롯하여 많은 고전을 탐독하여 한학에 조예가 깊어 갔다. 겨울밤 희미한 호롱불 아래서 어머니의 다듬질 하는 소리와 아들의 글 읽는 소리는 누가 들어도 흐뭇한 광경이었다.

이렇듯 남궁억이 '어깨너머 공부'를 하고 있을 즈음인 1875년, 일본은 조선을 향해 노골적인 침략의 움직임을 시작하였다. 첫 번째가 바로 운요호사건이었다. 이 사건을 계기로 1876년 우리나라 역사상 최초의 근대조약이자 불평등조약인 이른바 병자수호조약(강화도조약)을 체결하였다. 이 조약은 일반적 국제조약의 기본인 '호혜평등'을 무시한 불법조약으로 이후 한일간에 체결되는 모든 조약의 전범으로 이용되었다. 이 조약에 의거하여 일본은 자국민을 조선에 들어오게 하여 조차지를 확보하고 일본 세력 확장의 전초기지로 삼고자 하였다. 치외법권지역을 설정하고 일본 상인들의 불법적 행위에 대해서는 일체 조선의 사법적 제지를 배제하도록 하였다.

16세 되던 해인 1878년 남궁억은 두 살 연상인 남원 양씨 혜덕惠德과 결혼하였고, 혼인 후에도 계속 서당엘 다녔다. 슬하에 삼남매를 두었다. 아들은 후에 미국 뉴욕 총영사로 있던 남궁염이요, 일찍이 혼자 되어 친정에 돌아와 아버지를 받들어 집안 살림을 보살피던 장녀 남궁숙경南宮淑卿과 윤치호의 아들 윤광선尹光善의 부인이 된 둘째 딸 남궁자경南宮慈卿이었다.

동문학에 입학

남궁억의 '어깨너머 공부'는 한문공부에서 그치지 않고 영어공부로도 이어졌다. 귀동냥으로 들은 선교사의 영어를 유창하게 따라 하는 것을 본 친구의 아버지가 그의 재능을 알아보고 일체의 학비를 대주어 1883년 9월, 재동에 통리교섭통사사무아문의 부속기관으로 설립된 영어학교 동문학同文學에 입학하였다. 그에 앞서 1882년 5월 조선은 미국과 조미수호통상조약을 체결하였고, 이어 영국·독일·러시아 등과도 조약을 맺었다. 이처럼 조선은 서세동점해 오는 서구 열강에 서서히 문호를 개방하고 통상교섭을 벌이게 되자 영어의 필요성이 고조되었다. 1882년 7월 임오군란 뒤 청국 세력이 조선에서 득세하면서 청국의 실력자 리훙장李鴻章의 막객幕客이었던 묄렌도르프가 외아문협판外衙門協辦 겸 세관의 책임자인 총세무사總稅務士로 부임하면서 외아문의 부속기관으로 동문학을 세웠다.

처음에는 묄렌도르프 자신이 직접 학교를 운영하고자 하였으나 세관 업무의 과중으로 영국인 핼리팩스T.E.Hallifax에게 맡기고 물러섰다. 핼리팩스의 교수방법이 좋아 학생들의 호응은 날로 높아졌다. 특히 그는 일본어에도 능통하였고 학생들을 오전·오후 두 반으로 나누어 가르쳤다. 하루는 장문·단문 그리고 문자를 해독·변통하는 법을 가르치며, 또 어떤 날은 단어와 서양 산물만을 가르치는 등 상당히 융통성 있게 학생들을 가르쳤다.

이때 남궁억의 나이는 21살이었다. 당시 갓을 쓰고 도포를 입고 앉아 함께 영어 공부를 하였던 친구들은 송달현宋達顯(협곡·양덕 군수를 역임)과 주우남朱雨南(중추원 의관 역임)이었다. 당시 다른 친구들은 길에서 남궁억을 만나면 ABC 서학을 한다고 하며 부채로 얼굴을 가리고 상대도 하지 않으면서 비켜가곤 하였다. 이렇게 친구들 사이에서 놀림과 왕따를 당하면서도 집에 와서는 방에 틀어박혀 열심히 영어회화공부를 했다.

한말에 영어를 배웠던 대부분 사람들이 그랬듯이 남궁억은 영어를 배우면서 기독교에 대해 그리고 서양문화에 대해 자연스럽게 눈을 뜨기 시작했다. 회화를 가르치던 선생이 회화를 잘하려면 영문법을 알아야 한다고 해서 그는 특히 영문법 공부에 치중하였다. 남궁억은 영어공부를 할 때 사전을 찾아 표시하는데, 같은 단어를 세 번씩이나 표를 하게 되는 경우가 생기면 자신의 집중력이 부족한 것을 스스로 책망하였다고 한다. 그 결과 영어공부를 시작한 지 채 1년이 안 되는 단시간에 회화를 구사하게 되었다. 어학 능력은 천부적인 자질과 노력에 의하여 일취월장하는 단계에 이르렀다.

최초의 통역관으로 고종 알현

1884년 6월 남궁억은 동문학에서 우수생으로 졸업하였다. 당시는 독일인 묄렌도르프가 총해관總海關(원산·인천·부산 세 곳에 해관이 있는데 서울에서 이를 총괄하는 곳)에 해무사무와 외교고문으로 있을 때였다. 묄렌도르프는 남궁억을 견습생으로 추천받았다. 이로써 남궁억은 24세 때인 1886년 내아문內衙門 부주사副主事로 임명되어 우리나라 최초의 통역관이자 고종황제의 어전 통역관으로 들어가게 되어 고종을 알현하였다.

1887년 조선정부는 이미 수교한 나라에 외교사절을 파견하였다. 그해 5월 도승지 민영준閔泳駿을 변리대신辨理大臣으로 일본에, 6월에 내무협판 박정양朴定陽을 전권대신으로 미국에, 심상학沈相學을 영국·독일·러시아·이탈리아·프랑스 5개국 전권대신으로 임명하여 각기 부임하도록 하였다. 이때 심상학이 병으로 사임하게 되어 그 대신 조민희를 전권대신으로 임명했다. 유럽으로 파견하게 된 조민희 공사 밑에 내아문 부주사였던 남궁억이 통역서기관으로 노령에 있다가 들어온 채현식蔡賢埴이 번역관으로 임명되었다.

이들 일행은 곧 공사 조민희와 함께 제물포항을 출발하였다. 그러나 청국 측의 완강한 반대로 홍콩에 머물러야만 했다. 홍콩에 도착한 남궁억은 그곳에서 2년간 체류하며 민영익을 만나 국내외 변화와 정세에 대한 정보를 접하였다. 또한 일행 중 서기관이었던 김성규와도 홍콩에 체류하는 동안 급속히 친해졌다. 훗날 남궁억은 김성규를 남궁훈과 함께 세상에 다시 없는 유일한 친구라고 술회하였다. 그는 남궁억과 동갑으로 당대를 대표하는 세도가이자 극히 보수적인 안동 김씨 가문의 후손이었음에도 남다른 개화사상을 가지고 있었다. 이는 홍콩에서 체험한 해외 견문이 큰 영향을 주었던 것으로 여겨진다. 김성규는 이후 개혁정치를 위한 선봉적인 역할을 담당하였다.

홍콩에서 머물다 돌아온 남궁억은 1889년 1월 궁내부 별군직에 임명되어 4년간 봉직하였는데, 당시 고종황제에게 각별한 총애를 받았다. 어느 날 고종황제는 남궁억을 불러 신식 관복을 입어보게 한 후 앞뒤를 둘러보더니 남궁억의 장중한 체격과 용모를 찬탄하며 느닷없이 물었다.
"너는 집이 있느냐?"
남궁억은 머리를 숙이고 대답하였다.
"황공하옵게도 집이 없나이다."
그러자 고종황제는 홀어머니를 모시고 변변한 집 한 칸도 없이 오로지 청빈한 마음으로 자신과 나라를 위해 몸을 아끼지 않던 남궁억의 충정을 높이 사서 두 달 후에 서울 종로구 팔판동 78번지의 대지 200여 평에 43칸짜리 기와집을 하사하였다. 이전에는 상상조차 할 수 없었던 안정된 생활이 시작되는 계기였다.

02 관직생활과 독립협회 활동

칠곡부사로 시작한 관직생활

4년 동안의 궁내부 별군직을 마친 남궁억은 1893년 4월 4일 경상도 칠곡부사에 임명되었다. 이곳에서 그는 동학농민운동과 청일전쟁을 몸소 겪었다. 당시 벼슬아치들은 나라의 안전보다는 백성들을 대상으로 사리사욕을 채우며 가렴주구를 일삼았다. 그런 만큼 백성들의 원성은 하늘을 찔렀다. 이에 중앙에서는 특히 토색이 심하여 백성의 원성이 높아 모두 꺼리는 칠곡의 부사로 청렴한 남궁억을 내려보냈던 것이다.

칠곡부사 시절 몇 가지 전해지는 일화가 있다. 칠곡부사 부임 후 동학군들이 칠곡군에 진입해 들어오자 망대를 금반산에 세우고 주민들에게 번갈아 가며 망을 보게 하였다. 하루는 남궁억 부사가 금반산을 순시하였는데, 때마침 망을 보던 당번이 없었다. 통인通引을 시켜 순번자를 알아보니 마을 유지 이경칠李慶七이었다. 아는 처지인지라 즉석에서 벌을 주지 못하고 며칠 후에 그를 불러 술을 대접하며, 동학군으로 해서 조정에서는 청국에 후원병을 청하는 등 국정이 위급한 이때에 태만해서야 되겠느냐며 좋은 말로 타일렀다. 어느 정도 술을 나눈 후 해질 무렵 돌아가는 길에 형리에게 명하여 이경칠을 잡아 엎어 놓고 태형을 치게 했다. 그야말로 청천벽력이었다. 영문을 알지 못하던 이경칠은 어안이 벙벙하여 엎드려서 소리 지르며 부사를 쳐다보니, 남궁억은 정색을 하며 호령하며 볼기 열 대를 치게 하였다.

"이놈! 아까 술을 같이 마신 것은 친구로서 마신 것이고 지금 태형을 내리는 것은 군법을 어겼음이라."

이 소문이 고을에 전해지니 이번에는 공사公私를 구분하는 엄한 원님이 왔다며 토색하던 벼슬아치들이 이참에 뿌리 뽑히길 고을 사람들은 간절히 바랬다.

하루는 칠곡의 고평동 한 주막으로 고을 유지인 관천觀川 배석하裵錫夏와 술을 마시러 갔다. 주막에서는 아들 낳은 금줄을 걸어놓고 술을 팔 수 없다고 하였다. 당시는 동학군 때문에 부사도 항상 큰 칼을 차고 다녔던 시절이었다. 남궁억은 차고 있던 칼을 뽑아 금줄을 끊어버리고 술을 가져오라고 했다. 할 수 없이 주인이 재빨리 술을 내오자 남궁억은 꾸짖으며 말했다.

"부정이라는 것은 사람의 마음에 달린 것이니 좋은 마음과 행실이 있으면 부정이 되지 않는다."

이후 그 집 아이 이름을 '인印바위(아명으로 후에 최인기崔仁基라 불림)'라 하였다. '인'은 당시 고을살이하는 원님들이 꼭 관인을 긴 끈이 달린 조그마한 궤 속에 넣어 목에 걸거나 허리에 차고 다녔기에 인을 찬 높은 손님이 왔다는 뜻으로 '인'자를 붙였으며, '바위'는 목숨이 돌같이 단단하고 오래 살라는 뜻으로 붙여진 것이다.

한편 동학농민운동 당시 동학군을 무사히 평정한 공을 높이 평가하여 조정에서는 남궁억을 동학군을 위무할 수 있는 적임자로 판단하여 그를 순무사巡撫使로 임명하였다. 동학농민운동은 전라도 고부에서 일어난 농민봉기를 발단으로 시작되었다. 원인은 전라도 고부군수 조병갑의 농민에 대한 수탈과 학정 때문이었다. 고부지역은 일찍이 수리시설이 잘 되어 있고 비옥한 고을로 평온한 가운데 삶을 유지했다. 그런데 조병갑이 군수로 부임한 이후 하나면 충분했던 저수지를 억지로 더 만들게 하여 만석보萬石洑를 쌓았다. 뿐만 아니라 수세미水稅米를 강제로 징수하고 여러 가지 죄명을 씌워 벌금을 걷어 들이고 자기 아버지의 비석을 만든다는 핑계로 기부금을 거두었다. 격분한 농민들이 동학교의 접주 전봉준을 필두로 1893년 12월과 이듬해 1월, 두 차례에 걸쳐 군수에게 이를 진정했으나 군수는 도리어 이들을 체포·구금하였다. 이에 1894년 1월 10일 전봉준을 필두로 한 수백 명의 농민들이 만석보를 파괴하고 고부관아를 습격했다. 농민들은 무기를 탈취한 후 수탈을 주동하였던 아전들을 처단하고 불법 징수한 세곡을 탈취하여 빈민들에게 나누어 주었다.

고부봉기는 농민군들이 조병갑을 축출한 뒤에도 3월 초까지 약 두 달간 해산하지 않았다는 점에서 여타의 민란과는 다른 양상을 보였다. 당시 전봉준 등 지도부는 동학조직을 이용하여 고부봉기를 농민운동으로 확대·발전시키려 하였다. 하지만 전국적인 차원의 농민운동을 일으킬 만한 충분한 준비와 협의가 미처 이루어지지 못한 상황이었다. 더구나 고부군수로 새로 부임한 박원명이 온건 무마책으로 농민들을 회유하자 3월 3일 무렵 고부농민들은 해산하고 말았다.

이후 안핵사 이용태가 이 사건을 동학교도의 반란으로 규정하여 관련자들을 반역자로 몰아 탄압하였다. 이에 격분한 농민들은 전봉준·김개남·손화중과 함께 다시 집결하여 봉기했다. 이것이 바로 제1차 동학농민운동이다. 1894년 3월 하순 전봉준을 총대장으로, 김개남과 손화중을 장령으로 삼은 농민군은 백산에 모여 격문을 발표하고 민중들의 궐기를 호소하였다. 농민군은 탐관오리 척결과 조세수탈의 전횡을 촉구하며 출정하여 고부 황토현 전투에서 승리를 거두었다.

기세를 몰아 농민군은 전주성에 입성했으나 정부군의 반격과 병기의 부족으로 500명의 전사를 내며 참패했다. 조정에서 초토사로 보낸 전라병사 홍계훈은 봉기의 원인이었던 고부군수·전라감사·안핵사 등을 징계하고 관리의 수탈에 대한 철저한 감시를 약속하였다. 이에 동학군은 집강소 설치와 폐정개혁 12개조를 요구하고 철수했다. 그해 5월 8일 정부와 강화를 맺은 뒤 대부분의 농민들을 철수했으나 동학도들은 교세 확장을 위해 각지에 조직을 배치, 전라도 53개 군에 집강소를 설치하여 폐정개혁에 착수했다.

한편 조정의 요청으로 청군이 입성하고 연이어 일본도 텐진조약에 따라 조선 내 자국민을 보호한다는 명목으로 출병하였다. 전봉준·김개남·손화중·최시형 등이 당시 일본군의 경복궁 점령에 분격하여, 그해 9월 척왜를 구호로 내걸고 다시 봉기하니 이것이 바로 2차 동학농민운동이다. 2차 봉기는 1차 봉기에서 강화휴전 조건을 이행하지 않고 오히려 농민군을 토벌하기 위해 외세를 불러들인 것에 격분하여 일어나 항쟁으로 반외세적 성격이 강했다.

1894년 6월 23일 청일전쟁이 발발하자 정세는 험악해졌다. 당시 전봉준은 온건파와 타협을 거부하고 농민군과 연합하여 삼례에서 일본군을 물리치고 남·북접의 연합을 시도했다. 이에 조선에서는 관군과 일본군 연합군이 농민군과 맞섰다. 농민군과 연합군은 10월 23일부터 26일까지 공주·이인 등지에서 1차 접전을 벌였으나 농민군은 크게 패배한 뒤 후퇴하였다. 다시 전열을 정비하여 우금치에서 관군·일본군과 격전을 벌였으나 무기의 열세를 극복하지 못하고 말았다.

이렇듯 동학농민운동은 호남과 충청도에서 치열하였으나 남궁억은 주로 경기도·강원도·황해도 등을 순회하며 농민군 봉기를 사전에 차단하는데 심혈을 기울였다. 특히 2차 봉기의 목적이 반외세였음을 알고 순무사 직을 수행하면서 가급적 무력진압을 배제하고 직접 동학군을 설득하고자 하는 방침을 세워 충실히 업무를 이행했다.

당시 남궁억이 순무사로 어명을 받은 즈음에 동학군이 경기도를 거쳐 서울까지 진격하고 있다는 전갈을 받게 되었다. 남궁억은 멀리 서울에 홀로 계신 어머니를 걱정하며 선향인 강원도 홍천의 모곡으로 피난가시라고 권하는 편지를 인편에 전달하였다. 이 서한을 가지고 서울에 올라간 사람은 남궁억의 책실冊室(지금의 비서)인 서삼촌庶三寸 남궁완南宮完이었다. 편지를 받은 남궁억의 어머니는 도리어 역정을 내며 나무랐다.

"국록지신國祿之臣으로 있는 사람이 이게 무슨 소리냐! 임금을 버리고 가기는 어데로 가? 나는 죽어도 예서 죽겠다. 칠곡에 내려가거든 남궁

1895년 종로의 모습

억에게 어서 죽으라고 하더라고 일러라."

평소 어머니는 관직에 나간 아들에게 엄격하게 일렀다.

"광야를 달리는 말은 결코 마구간을 돌아보지 않는 법이다. 남아 대장부가 나랏일을 위해 장도에 오르면 설사 집에 불이 났다고 하더라도 고개를 돌려서는 아니 된다."

평소 어머니의 가르침을 잠시 잊고 사사로운 정에 이끌려 행동한 남궁억은 이 말을 전해 듣고 어머니가 계시는 서울을 향해 재배하고 곧바로 순무사로 출발했다.

1895년 가을 칠곡유림회와 군민회는 500냥을 들여 남궁억의 송덕비를 건립했다. 그 비문에는 다음과 같이 새겨두었다

마음이 강직하고 청렴결백한데 동학 무리가 창궐하니 남쪽 백성의 근심은 실로 위험하고 다급하다. 모았던 힘은 쇠하여 다 없어지니 그 괴로운 처지를 슬퍼하며 외로이 탄식하게 된다. 이로써 그대를 그리는 마음이 점점 돈독하여 이 마음 여기에 적어본다.
秉心剛直 玉潔氷淸 東徒猖獗 南民騷驚
殲滅巨魁 哀此孤甇 去思愈篤 鐵面記情

비신은 돌이고 비문은 구리쇠로 부어 맞춰놓은 비석으로 역대 이 고을에서 세운 비 가운데 최고였으나 후에 도적이 구리쇠를 빼가고 비신만 남았다가 한국전쟁 시 향교 마당에 나란히 서 있던 비석을 사람으로 오인하여 폭격함으로 없어지고 말았다. 다만 비문의 내용은 남궁억이 칠곡에 재임 때 이 고을 유지이자, 친구였던 배석하裵錫夏가 본인의 일기책인 『일신와만록日愼窩漫錄』 상권에 옮겨 두어 전해지고 있다. 대부분의 송덕비 내용이 찬사 일변도이지만 남궁억의 경우는 청렴하고 강직한 그의 성격을 그리워하는 고을 사람들의 마음을 고스란히 읽을 수 있다.

토목국장 시절 종로거리에 근대식 탑골공원 건립

1895년 2월 남궁억은 칠곡부사를 사임하고 궁내부 토목국장에 임명되

었다. 토목국장으로 재임할 당시 가장 주목되는 일은 수도 한성의 종로통과 정동 일대 및 육조 앞 남대문 사이의 도로를 확장 정비하고 근대식 탑골공원을 건립한 일이다. 당시 종로통은 길도 좁을뿐더러 초가집이 좌우에 즐비하고 외관이 좋지 못하였고 좌우 길가에는 잡상인과 사주쟁이, 굿판을 벌이기 위한 울긋불긋한 장식물들이 걸려 있었다. 남궁억은 도로정비계획을 세우고 한성부윤 이채연과 탁지부 고문 브라운과 협의하여 구체적으로 실행에 옮겼다.

탑골공원을 짓기 위해 원각사비를 조사하는 모습

먼저 수도의 중심지인 종로통과 외국공사관들이 밀집해 있는 정동 거리 정비사업을 착수하였다. 그러나 막대한 예산을 들여 정동길 확장공사를 착수하자 반대하는 상인과 주민의 원성이 자자했다. 남궁억은 거센 반대와 밤낮으로 값비싼 물건들을 뇌물로 싸들고 오는 주민들의 유혹을 끝까지 거절하고 종로통과 정동 거리 정비사업을 추진하였다.

또한 근대식 탑골공원을 건립하고자 하였다. 당시 내부대신 남정철南廷哲을 비롯하여 완고한 대신들 가운데는 성밖에 정각亭閣이 많고 수려한 산정山亭이 많은데 도시 한복판에 공원을 만들어 무엇하느냐며 반대했다. 남궁억은 탁지부 고문 영국인 브라운을 앞세워 정부 관료들을 설득하였다. 도심지일수록 공원이 필요함을 주장하고 장차 한성이 크게 발전하여 성 밖으로 나가자면 상당한 거리가 될 것이므로 종로통 중앙에 공원을 만들면 한성 백성의 보건상 유익하다는 것이 그의 주장이었다. 드디어 탁지부로부터 자금을 받아 영국인 고문 브라운이 설계하여 흥복사 자리에 탑골공원을 건립함으로써 수도 한성의 모습을 일대 혁신시키는 대공사를 단행하였다. 원래 탑골공원은 고려시대에는 흥복사가, 조선시대 전기에는 원각사가 있던 자리로 연산군이 원각사를 폐사했으며, 중종 때 건물이 모두 철거되면서 빈터로 남아 있었다.

당시 단발령이 시행됨에 따라 남궁억은 망건 대신 단발을 하고 다녔으므로 내심 이를 못마땅하게 생각하던 주위 사람들이 비난을 일삼았다. 그 가운데 내부대신 남정철은 남궁억이 대신의 명령을 따르지 않고 마음대로 한다고 보고하여 1897년 8월 27일 면직시켰다. 이에 관한 기사는 『독립신문』 1897년 9월 28일자에 실렸다.

내부 토목국장 남궁억 씨는 정성껏 공평하게 자기 맡은 소임을 하는 고로 남궁씨는 내외 국민이 다 점잖고 신실한 관원으로 알며, 남궁씨가 죽도록 힘을 들여 각처의 도로를 수정하여 이 큰 사업을 많이 하고 또 지금 주도적인 역할을 하는 터이라. 홀연히 이 관원을 멋대로 한다 하여 면관을 시켰으니 까닭인즉 남궁씨가 제물포에 공사로 갈 때에 내부대신께 하직 아니하고 갔다고 그리된 일이라 하니 설령 남궁씨가 잘못하였더라도 그만한 허물은 견책에 마땅하고 면관토록 중히 다스릴 것이 아닐 듯하더

『독립신문』 1897년 9월 28일자

라. 남궁씨가 그만두기에 조선의 큰 사업이 또 잘 되지 못할까봐 우리는 매우 염려하노라.

이처럼 남궁억이 내부대신 남정철에게 밉보인 이유는, 평소 자신의 소신을 굽히지 않는 그의 선비 기질을 국왕이 총애하는 것에 대한 질투에서 출발하였다. 당시 단발령에 대해 유생들의 반대가 극렬하여 대신들마저 유생들의 반발에 동조하는 분위기였다. 남궁억이 단발 후 이를 백성에게 적극 권장하자 오래전부터 심히 못마땅히 여겨 경계하였던 남정철에게 밉보여 결국 물러나게 되었다.

한편 명성황후 시해사건 이후 수립된 김홍집 친일내각에서는 1896년 1월부터 독자적인 연호와 태양력을 사용하게 되었고, 한성 안에 소학교를 세워 근대교육을 실시하였다. 종두법을 시행하고 단발령을 내려 삭발을 장려하는 등 대대적인 개혁정책을 선포하였다. 이러한 가운데 단발령에 반대하는 의병운동이 일어났다. 춘천에서 일어난 의병진도 세력을 도모하고 있었다. 경군에 격퇴되어 홍천군으로 쫓긴 권대형權大亨 외 300여 명 의병들이 한성으로 들어온다는 소식에 그렇지 않아도 외세의 침략 야욕으로 외국군의 주둔에 구실을 주기 쉬운 때이므로 정부에서는 선유사宣諭使를 파견하였다. 이때 내부대신 박정양은 남궁억을 선유사로 천거했다. 남궁억은 의병 진중에 나아가 해산을 권유하였다.

우리나라가 오늘날까지 청국에 예속하여 독립국가로 살아오지 못한 것은 매우 부끄러운 생활이었다. 지금까지 사용해 오던 청국의 연호를 버리고 우리나라로서 건양建陽이라는 연호를 가지게 됨은 당연한 처사요, 의당히 이렇게 살았어야만 할 것이었다. 세계만방이 공용하는 양력을 사용함은 개화하려는 우리 생활에 맞는 일이고, 우리는 언제까지나 상투를 틀고 있을 때가 아니라 선진국들의 문명한 생활을 어서 부지런히 배워 일본이 침투해옴을 물리쳐야 할 것이다.

이렇게 남궁억은 세계 사조와 선진문화·국권회복 등을 토로했다. 남궁억의 명쾌하고도 설득력 있는 권유에 무기를 버리고 협조하는 무리도 있었으나 한편에선 그를 결박하고 가두기도 하였다. 그를 가두었던 밤에 충실한 벗이요, 하인인 뭉이가 담을 넘어 남궁억을 업어 피신시켜 겨우 진영을 탈출해 그 밤으로 한성으로 왔다. 이처럼 위험하였지만 선유사로서 경험은 의병들을 설득하는 것뿐만 아니라 민중의 소리를 듣는 귀중한 기회였다. 부패한 정치·무력한 정부·민중들의 새로운 변혁 요구를 확인할 수 있는 아주 좋은 계기였다.

'이대로는 안된다! 지금처럼 안일하게 자기 욕심만 채우려는 정부 관리들로서는 저 민중의 요구를 수용할 수 없겠다.'

이렇게 판단한 남궁억은 그가 맡고 있던 토목국장 자리에서 물러나 이제 막 시작한 독립협회에 뛰어들었다.

토목국장 당시 남궁억은 낮에는 관리로서 맡은 바 임무를 충실히 다하였다. 밤에는 흥화학교興化學校 교사로서 영문법과 동국사를 가르쳤다. 이 학교는 1895년 7월 특명전권공사로 미국과 유럽 제국을 둘러보고 돌아온 민영환이 설립한 학교로 서대문 오궁동에 있다가 수진동으로 옮겨왔다. 이 학교는 외국어와 선진기술을 가르치기 위해 설립하였다. 심상과·특별과·양지과를 두었으며, 교육내용은 영어·일어·측량술 등이었다. 특히 전국적으로 토지측량이 이루어지지 않았던 당시 측량전문가를 양성하는 양지과를 설치한 점이 특이하다. 이후 민영환이 자결한 뒤 임병항이 교장으로 부임하여 학교를 이끌었으나 재정난에 봉착하여 어려움을 겪다가 1911년 폐교되었다.

독립협회 활동, '남궁고집'과 '남궁반대'

1896년 서재필 박사를 중심으로 러시아 세력에게 대항하기 위하여 일어난 민족운동은 독립협회운동이다. 처음에는 배재학당 안에서 학생들을 중심으로 협성회를 조직하여 매주 토요일이면 남녀노소와 빈부귀천을

독립관의 강연에 모여드는 시민들

막론하고 토론회를 개최하다가 점차 인원이 증가하였다. 당시 이들이 토론하는 내용은 주로 사회계몽과 정부를 비난하는 내용으로, 정부에서는 독립협회를 반정부단체로 규정하고 서재필에게 배재학당에서 연설하는 것과 협성회 지도를 금지시켰다. 그러자 서재필은 협성회 회원들과 서대문 무악재 밑에 있는 모화관으로 가서 독립협회를 결성하였다.

남궁억이 독립협회와 인연을 맺게 된 것은 1896년 발기인으로 참여하면서부터였다. 독립협회의 시작은 서재필이, 협회장은 안경수, 이완용에 이어 윤치호가 맡았다. 실질적인 살림살이는 남궁억이 꾸려갔다. 독립협회의 취지와 목적은 모화사상에 젖은 국민을 대상으로 독립정신을 고취하고 선진문명을 소개하는 등 사회계몽과 정부의 그릇된 정치를 바로잡으려는 것이었다. 이를 위해 당시 청국 사신을 영접하던 영은문을 헐고 그 자리에 독립문을 세웠으며, 외국 사신의 숙소인 모화관을 헐고 그 자리에 독립관을 지어 연일 강연회와 토론회를 열었다. 이들은 자주개혁 정신과 민권신장 및 민중의 자각을 위한 다양한 활동을 전개하였다.

『독립신문』을 발행하여 본 회의 취지와 목적을 발현시켰고, 『대조선독립협회회보』도 간행하였다. 회보의 본지 1항에 회보의 역할에 대해 소개하였다.

회보 본지는 오인吾人이 사세斯世를 당하여 충효의 근본을 배양하여 직분의 사업을 발달하려는 고로 각각 견문見聞과 지식을 유무상자有無相資로 교환하여 자국 자기의 본래 면목과 내외고금의 이해 손익을 실력상으로 강구하여 함께 문화 인수역仁壽域에 진보하기를 위함이라.

이렇듯 『독립신문』은 주로 정치·문화면에 주력하였던 데 반해, 『대조선독립협회회보』는 물리·화학·기술·실업 등 주로 실생활과 관련된 분야에 역점을 두었다. 『독립신문』 주필은 서재필이었으며, 남궁억은 『독립신문』 영문판의 편집과 제작에 참여하였다. 처음에는 일주일에 두 번 발행하는 한 페이지짜리 신문이었으나 곧 세 번 발행으로 바뀌었다. 한글판과 영문판 두 종류를 발간하였는데, 한글판은 주시경이, 영문판은 남궁억이 편집하였고, 회원들이 자발적으로 기사를 모아 배재학당

독닙신문

데일권 **데일호**

조선 셔울 건양 원년 ㆍ월 초칠일 금요일

광고

독닙신문이 본국과 외국 사졍을 자세이 긔록홀 터이요 졍부속과 민간소문을 다보고 하로걸너 한달에 여섯번을 발간 홈ㆍ 갑슨 일년에 일원삼십젼 ㆍ 한달에 십이젼 ㆍ 한장에 동젼 한푼 독닙신문 분국이 제물포 원산 부산 파주 송도 평양 슈원 강화 등지에 잇더라

신문을 돌나볼나 ㅎ든지 일년간 미리 신문갑슬 미리 내고 스분이는 졍동 독닙신문사로 와셔 돈을 미리 내고 일홈과 집은 ㅎ쳐 젹어 노코 가면 ㅎ로 걸너 신문을 보내 줄 터이니 ㅎ든지 신문을 보고 스분이 누구든지 무론 ㅎ고 와셔 돈을 미리 내고 봇면 된라 ㆍ 신문 보내는 일 ㆍ 누구든지 무러볼 말이 잇든지 셰샹 사름의게 ㅎ고 시분 말 잇스면 이 신문으로 ㅎ게 대답 ㅎ난말 잇스면 이 신문으로 ㅎ게 호여 줄터이요 졍부에셔 ㅎ시는 일을 백셩의게 젼홀 터이요 백셩의 졍셰을 졍부에 젼홀 터이니 만일 빅셩이 졍부 일을 자세이 알고 졍부에셔 백셩의 일을 자세이 아시면 피ㆍ호눈 일이 만이 잇슬 터이요 ㆍ 남녀 노쇼 샹하귀쳔이 모도 죠션 일을 서로 알 터이옴

우리가 이신문 출판 ㅎ기는 취리 ㅎ려는게 아니 ㅎ니 샹관 업고 다만 조션 인민이 신문이 무슨 일을 졍부에셔 백셩의 일을 빅셩의게 젼할 터이라

논셜

우리가 독닙신문을 오날 쳐음으로 출판ㅎ는 데 조션속에 잇는 너외국 인민의게 우리 쥬의를 미리 말씀ㅎ여 아시게 ㅎ노라

우리는 쳣재 편벽 되지 아니 한고로 무슨 당에도 샹관이 업고 샹하귀쳔을 달니 대졉 아니 ㅎ고 모도 죠션 사람으로만 알고 죠션만 위ㅎ며 공평이 인민의게 말 할터인 데 우리가 셔울 백셩만 위 할게 아니라 죠션 젼국 인민을 위 ㅎ여 무삼 일이든지 대언 ㅎ여 주랴홈 졍부에서 ㅎ시는 일을 백셩의게 젼할 터이요 백셩의 졍셰을 졍부에 젼할 터이니 만일 백셩이 졍부 일을 자셰이 알고 졍부에셔 백셩의 일을 자셰이 아시면 피ㆍ호 일이 만이 잇슬 터이요 ㅎ 남녀 노쇼 샹하귀쳔이 모도 죠션 일을 서로 알 터이옴

우리가 이신문 출판 ㅎ기는 취리 ㅎ려는게 아닌 고로 갑슬 헐허도록 ㅎ얏고 모도 언문으로 쓰기는 남녀 샹하귀쳔이 모도 보게 홈이요 또 귀졀을 띄여 쓰기는 알어 보기 쉽도록 홈이라 우리는 바른 대로만 신문을 홀 터인 고로 졍부 관원이라도 잘 못 ㅎ는이 잇스면 우리가 말할 터이요 탐관오리 들을 알면 셰샹에 그 사람의 행젹을 폐일터이요 스ㆍ백셩이라도 무법호 일 ㅎ는 사람은 우리가 차져 신문에 셜명할 터이옴

우리는 죠션 대군쥬 폐하와 죠션 졍부와 죠션 인민을 위 ㅎ는 사람드린고로 편당 잇는 의논이든지 한쪽만 생각코 ㅎ는 말은 우리 신문샹에 업실 터이옴 또 한쪽에 영문으로 긔록 ㅎ기는 외국 인민이 죠션 사졍을 자세이 몰은즉 혹 편벽 된 말만 듯고 죠션을 잘못 생각할까 보아 실샹 사졍을 알게 ㅎ고져 ㅎ여 영문으로 조곰 긔록 ㅎ옴

그러한즉 이신문은 쫙 죠션만 위홈을 가 히 알 터이요 이신문을 인연 ㅎ여 너외 남녀 샹하 귀쳔이 모도 죠션 일을 서로 알 터이옴 우리가 또 외국 사졍도 죠션 인민을 위 ㅎ여 간간이 긔록할 터이니 그걸 인연 ㅎ여 외국은 가지 못 ㅎ드리도 죠션 인민이 외국 사졍도 알 터이옴 오날은 쳐음인고로 대강 우리 쥬의만 셰샹에 고ㆍ 우리신 문을 보면 죠션 인민이 소견과 지혜가 젼보다 ㅎ흔 거슬 미들노라 논셜 긋치기 젼에 우리가 대군쥬 폐하ㅎ 숑덕ㅎ고 만세을 부르난이다

우리신문이 한문은 아니 쓰고 다만 국문으로만 쓰는거슨 샹하귀쳔이 다 보게 홈이라 또 국문을 이러케 귀졀을 떼여 쓴즉 아모라도 이신문 보기가 쉽고 신문 속에 잇는 말을 자셰이 알어 보게 홈이라 각국에셔는 사람들이 남녀 무론 ㅎ고 본국 국문을 먼져 배화 능통한 후에야 외국 글을 배오는 법인데 죠션셔는 죠션 국문은 아니 배오드리도 한문만 공부 ㅎ는 까닭에 국문을 잘 아는 사람이 드물미라 죠션 국문 ㅎ고 한문 ㅎ고 비교 ㅎ여 보면 죠션국문이 한문 보다 얼마가 나흔거시 무어신고 ㅎ니 첫재는 배호기가 쉬흔이 됴흔 글이요 둘재는 이글이 죠션글이니 죠션 인민 들이 알어셔 빅ㆍ을 한문 대신 국문으로 써야 샹하귀쳔이 모도 보고 알어보기가 쉬흘 터이라 한문만 늘써 버릇ㅎ고 국문은 페ㆍ 쌋닭에 국문

「독립신문」창간호

삼문인쇄소에서 인쇄하였다.

남궁억이 편집한 영문판 신문이 당시 우리나라에 와 있던 외국인들의 눈에 어떻게 받아들여졌으며, 외국의 반향은 어떠했는지는 헐버트 H.B.Hulbert나 맥켄지F.A.McKenzie에 의해 잘 표현되고 있다. 특히 영문판 창간호의 사설에 나오는 한국인의 권리 The interests of the Korean people, 한국인에 의한By the Korean people, 한국인을 위한 한국Korea for the Koreans처럼 선진적 민주주의 정신을 그대로 표현하는 글들이 자주 실렸다. 이처럼 영문판 『독립신문』의 발간 이유는 한국의 사정을 세계 각국에 널리 소개하여 한국인이 영어로 신문을 발행할 만큼 문명인이라는 점을 세계에 인식시키기 위함이었다.

『대조선독립협회보』(1896년 11월 창간)

그러나 애석하게도 영문판 『독립신문』은 오래 계속되지 못하였다. 한글판이 1899년 12월 4일까지 속간된 데 반해 영문판은 창간된 해(1896) 12월 31일에 종간되어 발행한 지 채 1년도 채우질 못했다. 그렇지만 언론인으로서 남궁억의 활동은 계속되었다. 즉 『대조선독립협회회보』라는 반월간 잡지를 1896년 12월부터 간행하였는데, 남궁억은 이

협회의 수석 총무로 참여하였을 것으로 추정된다. 우리나라 최초의 잡지로서 구국사상의 일환으로 물리·화학·기술·실업 등의 실용적인 면에 치중한 이 잡지도 지령 18호로 종간되어 버렸다.

설립 당시 독립협회는 친목단체나 다름없었다. 서재필 자신도 독립문 건립과 독립공원 조성을 목적으로 하였던 만큼 고급관리가 중심을 이루고 있었다. 그러므로 윤치호는 그의 영문일기 1897년 7월 25일에 다음과 같이 불평하였다.

…… 협회란 웃음거리의 기관이다. 이것은 화합할 수 없는 자들의 혼성체이다. 이완용과 그 일당이 당분간 일종의 공동이익을 추구하고 있는 기관이다. 여기에 또 대원군과 친러파, 친일파, 왕당파, 기타의 파들이 들어 있다. 각파는 자기들끼리 뭉쳐 있어 나와 같은 외톨이는 발 디딜 자리가 없다. ……

이러한 독립협회는 1897년 8월 말부터 토론회를 개최하면서 성격이 바뀌게 되었다. 토론회는 매주 열렸고 주제는 당시 조선사회에서 이슈가 되었던 내용이었다. 토론과정에서 협회의 소장위원들이 국가의 정치문제에 대해 비판을 더하면서 고급관료들과 의견이 대립하게 되었다. 즉 독립협회는 토론회를 개최하면서 친목단체에서 계몽단체로 성격이 바뀌게 되었다.

당시 남궁억은 35세의 젊은 나이로 민중계몽의 필요성을 느꼈다. 민중의 지지를 얻지 못하는 어떤 운동도 성공할 수 없음을 이미 경험했다.

남궁억은 민중을 계몽하기 위한 수단으로 언론을 적극적으로 활용하였다. 언론의 사회적인 공기로서 역할을 주목했다.

1898년 2월 20일부터 독립협회는 만민공동회, 즉 일반 국민의 모임을 종로에서 개최함으로써 정치개혁파를 중심으로 인사개편을 단행하였다. 협회를 개편하여 부회장이었던 이완용이 회장, 윤치호가 부회장, 남궁억이 서기, 이상재·윤호정이 회계에 각각 임명되었다. 3월 11일 이완용이 전북관찰사로 떠나게 됨에 따라 윤치호가 회장대리로 추대되었다. 그 결과 완전히 정치개혁파가 독립협회를 이끌어가게 되었다. 그러면서 점차 독립협회는 정부와 갈등을 빚었다. 이후 8월 28일 독립협회는 임원진을 새로 개편하여 회장에 윤치호, 부회장에 이상재, 남궁억은 사법위원과 아울러 평의원에 선출되어 협회를 위해 활동하게 되었다.

독립협회 시절 남궁억에게 붙여진 별명이 있는데, 바로 '남궁고집'과 '남궁반대'였다. 남궁억은 실리와 명분은 남에게 양보하여 화합을 이루는데 힘썼으나, 국사를 논함에는 추호도 양보함이 없었다. 토론회나 안건이 있을 때에 그가 한번 발언을 하면 당할 자가 없었다.

1898년 7월 정부와 독립협회 사이에 격론이 벌어졌다. 이른바 '이용익 사건'이었다. 격론에 앞서 독립협회는 정부에 '이용익이 관리로서 횡행함을 정부에서 알면서도 수수방관한 이유가 무엇인가'라는 질의를 제출하였다. 당시 정부 측에서는 서정순 의정서리, 이도재 농상공부대신, 이재순 궁내부대신, 민영기 탁지부대신 등이었다. 독립협회에선 남궁억과 최석민·나수연·정항모·최정덕이 나섰다.

독립협회 총대위원 중에 남궁억 씨가 먼저 말하여 가로되 우리 총대위원 다섯 사람(남궁억·최석민·나수연·정항모·최정덕)이 온 뜻은 이용익 일에 대하여 모든 대신에게 질문하러 온 일이요. 대저 이용익이 전후로 한 일의 형상은 다 말씀 아니하여도 모든 대신께서 다 짐작하시려니와 금번 하는 일로 전국 각도 각군에 독이 흐른 것과 삼정사로 삼포하는 백성들의 원망하는 소리가 자자한 것과 돈 정사로 의논하면 전국에 폐맥되는 일은 온 세상이 다 아는 바인즉 어찌 하여 이용익에게 세 가지 일을 모두 맡겼는지 묻거니와 이용익을 그대로 맡겨두면 백성이 지키고 보호하지 못할 터이니 백성이 지키고 보호하지 못하면 그 나라가 어찌 유지하리이까. 이용익이 칙임관인즉 모든 대신이 자세히 아뢰어 그 벼슬을 떼고 그 죄를 상당한 법률에 처하소서.

― 『독립신문』 1898년 8월 2일

이용익이 북청北靑에 남병사南兵使로 있을 때 권력을 이용하여 남의 조상 무덤과 논밭을 마음대로 헤치며 임의로 금광을 설치하였다. 이에 백성들이 원망하며 민란을 일으키자 반항한다 하여 주모자들을 잡아다가 고문하며 많은 양민을 살해하였다. 이러한 중죄로 귀양을 보냈는데도 유배지에 가지 않고 궁인에게 뇌물을 써 나라 권세를 잡았다. 그리하여 농상공부의 감독직 자리에 있으면서 허다한 금광을 임의로 설시하고 각처의 삼포參鋪를 뺏으며 스스로 일컬어 '하늘이 치더라도 무섭지 않다' 하였으며, 적백동전赤白銅錢을 짓는 데도 중수重數를 깎아서 물건을 매매함을 꺼리지 아니하였다.

이에 남궁억은 강경한 발언을 서슴지 않았다.

"정부에서는 이를 아는가 모르는가 어찌 백성들이 맘을 편안히 가지고 살 수 있으리오. 마땅히 이 일을 법으로 다스려 백성들에게 반환할 것은 반환하여야 하고 나라의 돈을 만들어냄에 중수를 속여 사복을 취했던 안 했던 간에 중형을 받아 마땅한 것이니 정부로서는 이래도 묵과할 것인가."

명성황후 시해사건 이후 러시아공사관으로 파천하였던 고종이 1년 만에 경운궁으로 환궁하자 독립협회 회원들은 공개 성토대회를 열었다. 국왕의 아관파천은 친러파의 괴수인 이범진이 꾸며낸 계략이라 하며 죄목을 하나하나 들어가며 성토하였다. 탁지부의 러시아인 고문을 해고하고 중추원을 민당으로 개조하여 참정권을 달라고 상소를 올렸다. 그러자 정부에서는 겉으로 이를 허락하면서 별순검들을 총동원시켜 독립협회의 간부를 경무사 김정근金禎根의 지휘로 포박하여 투옥시켰다. 당시 체포된 간부는 이상재를 비롯하여 남궁억·정교 등을 비롯하여 17명이었다.

간부 17명을 체포했으나 독립협회의 위세는 결코 줄어들지 않았다. 정부가 탄압하면 할수록 저항력이 커지고 대중화한 만민공동회를 통해 간부들을 석방하라고 수만 명의 군중들이 평리원 앞으로 몰려가서 외쳤다. 이같은 백성의 외침으로 결국 특별 은사령이 내려져 간부들은 석방되었다. 남궁억은 당시 일명 '학춤'과 같은 모진 고문을 받으면서도 옳다고 여기는 것에 대해 끝까지 물러서지 않던 '남궁고집'의 모습을 잃지 않았다.

한편 독립협회와 박정양 개혁정부 사이에 의회 설립 협상이 이루어지고 있던 때에 고종과 보수파의 사주를 받고 있던 황국협회와 독립협회의 갈등은 고조되었다. 어느 날 무악재 고개 밑 독립문에 괴상한 격문이 나붙었다.

들어 볼지어다.
옛날부터 왕도라 함은 천리에 따라 하늘이 명하는 바를 받아서 나라와 백성을 다스림이 마땅하거늘 오늘의 우리나라는 어떠한가. 왕실이 쇠잔해지고 나라가 기울어져 가고 있음에도 위로는 임금을 받들어 도울 만한 사람이 없고, 친임관이라 칙임관 일하는 대관들이 있으되 제 한 몸 살찔 궁리만 하여 나라와 백성의 해됨을 돌보지 않으며 주임관이다 판임관이다 하는 옅은 벼슬아치들은 돈을 모으려는 데에만 눈깔이 뒤집혀 시뻘게서 도무지 바르게 정치할 생각은 없고 보니 나라의 운명이 한심하기 그지없도다.
이에 만백성이 뜻을 하늘과 같이 하여 대로에 모여서 의논한 결과로 대통령을 선출하여 대통령에게 나라의 권한을 맡기게 되었으니, 이 어찌 기쁜 일이 아니리요. 모름지기 만백성은 이를 잘 깨달아 국민의 개명과 진보에 있는 힘을 다 기울일지어다.

이런 내용의 격문이 나붙으니 안 그래도 독립협회와 대립하고 있던 황국협회의 주동자인 홍종우는 이기동·길영수 등과 밀의하여 이 사실을 황제에게 거듭 아뢰었다. 이에 황제는 심상훈과 이지용을 시켜 조사하게 하였다. 이즈음에도 독립협회 회원들은 나라의 정세를 밤이 깊도록 토론하고 있었다. 그때 그곳에 별순검을 동원하여 야간습격으로 독립협회 회원들을 모두 잡아갔다. 이때 체포되지 않은 회원들 가운데는 망명을 하거나 자살을 하기도 하였다. 남궁억은 어떠한 이유로 잠시 밖에서 손님을 만나고 있다가 화를 면하였는데, 이에 대해 남궁억을 비롯한 많은 무리들이 '탈회참닉脫會潛匿' 한 것으로 보는 견해도 있다.

03 언론·학회활동과 애국계몽운동

『황성신문』 초대 사장으로 시작한 언론활동

언론인으로서 남궁억 활동을 시기별로 구분해보면 세 시기로 나눌 수 있다. 제1기는 1896년~1897년의 『독립신문』 간행에 참여한 시기, 제2기는 1898년~1903년까지 『황성신문』을 창간하여 전력을 다한 시기, 제3시기는 1908년~1909년까지로 신문 간행 일선에서 물러나 잡지 『교육월보』를 창간하여 활동한 시기이다.

이미 『독립신문』을 통해 언론의 힘을 경험한 남궁억은 외세의 침략을 보다 정확하게 널리 알릴 수 있는 전문적이고 민족적인 언론의 필요성을 누구보다 인식했다. 그는 독립협회가 해산되기 이전인 1898년 9월에 주식회사로서 황성신문사를 설립하여 최초의 민간 매일신문인 『황성신문』을 창간하였다.

『황성신문』은 1898년 3월 8일자로 농상공부의 인가를 받기는 했으나 설비와 재정문제로 곧 착수하지 못하고 9월 5일자로 창간호를 발행

「황성신문」 창간호

하였다. 『독립신문』이 순한글만을 사용한 것에 반해 『황성신문』은 국한문 혼용으로 지식층 독자를 확보하였다. 신문은 3단으로 구분, 논설·관보·외보·별보·잡보 등 기사를 다양화했고, 별도로 광고란을 마련했다. 제1호에 실린 '본사 고백'을 보면 신문 인쇄에 필요한 활자를 새로 가져와 사무를 확장하였으며, 일요일 외에는 매일 간행한다는 내용이다.

남궁억은 1898년 9월 5일 나수연·장지연·유근·이상재·강화석·윤치호 등과 함께 힘을 모아 합자회사를 조직·설립하여 마침내 신문을 간행하고 사장에 취임하였다. 필진에는 당시 한학과 유학의 거성이었던 장지연·유근·박은식·신채호·남궁훈 등이 참여했다. 국한문 혼용으로 남궁억이 사장 겸 주필이 되고 나수연이 총무원이 되었다. 『황성신문』은 당시 순수하게 우리나라 사람들에 의해 만들어진 일간지로서 정치에 대한 논평이 솔직하고 공정하여 사회 일반의 관심을 불러일으켰다. 하지만 이미 『독립신문』이 추진한 한글 전용의 변화를 계승하지 못하고 다시 국한문 혼용으로 되돌아간 것에 대해 아쉬워하는 사람들도 있었다.

사장 남궁억은 『황성신문』의 목표를 국민교육과 계몽을 제일로 삼았다. 이를 잘 보여주는 것은 1898년 9월 8일자 신문 별보이다. 여성교육을 강력히 주장한 글을 소개하면 다음과 같다.

> 북촌 어떤 여중군자 수삼명이 개명상에 뜻을 모아 여학교를 설시하려는 통문이 있기로 하도 놀랍고 신기하여 우리 논설을 제각하고 좌에 기재하노라.
>
> 대저 물이 극하면 반드시 변하고 법이 극하면 반드시 갖춤은 고금에 이

「황성신문」 1898년 9월 8일자

치라. 아 동방 삼천리 강토와 열성조 5백여 년 기업으로 승평일월에 취포 무사하더니 우리 성상 폐하의 외외탕탕하신 덕업으로 임어하옵신 후에 국운이 더욱 성왕하여 임의 대황제 위에 어하옵시고 무면개화할 정치로 만기를 총찰하시니, 이제 우리 이천만 동포 형제가 성의를 효순하여 전일 해태한 행습은 영영 버리고 각각 개명한 신식을 준행할새 사사이 취서되어 일신 우일신 함을 사람마다 힘쓸 거시여늘 어찌하여 일향 귀먹고 눈먼 병신 모양으로 구습에만 빠져 있느뇨. 이것이 한심한 일이로다. 혹자 이목구비와 사지오관 육체가 남녀가 다름이 있는가. 어찌하여 병신 모양으로 사나이의 버려 주는 것만 앉아서 먹고 평생을 심규에 처하여 남의 절제만 받으리오. 이왕에 우리보다 먼저 문명개화한 나라들을 보면 남녀가 동등권이 있는지라. 어려서부터 각각 학교에 다니며 각종 학문을 다 배워 이목을 넓혀 장성한 후에 사나이와 부부지의를 맺어 평생을 살더래도 그 사나이에게 일호도 압제를 받지 아니하고 후대함을 받음은 다름 아니라 그 학문과 지식이 사나이와 못지 아니한 고로 권리도 일반이니 어찌 아름답지 아니하리오. 슬프도다. 전일을 생각하면 사나이가 위력으로 여편네를 압제하려고 한갓 옛 글을 빙장하여 말하되 여자는 안에 있어 밖을 말하지 말며 술과 밥을 지음이 마땅히 다 하는지라. 어찌하여 사지 육체가 사나이와 일반이어늘 이 같은 압제를 받아 세상 형편을 알지 못하고 죽은 사람 모양이 되리오. 이제는 옛 풍규를 전폐하고 개명 진보하여 우리나라도 타국과 같이 여학교를 설립하고 각각 여아들을 보내어 각항 재조를 배워 일후에 여중군자들이 되게 할 것으로 이에 여학교를 창설하오니 뜻이 있는 우리 동포 형제 여러 여중 영웅 호걸님네들은 각각 분발지심을 내어 귀한 여아들을 우리 여학교에 들여 보내시랴. 허락하시거든 곧 착명하시기를 바라나이다.

9월 1일 여학교 통문 발기인

이소사·김소사

이렇듯 여학교를 통한 여성교육을 강조하는 개혁 계몽적인 글을 싣고, 구국의 이념 아래 정부의 비리와 부패한 면모를 사사건건 폭로하고 논평함으로써 보수적인 기존 정객들의 탄압이 심해졌다. 또한 국제 정세의 올바른 파악을 위하여 외신과 논평 기사의 보도도 게을리하지 않았다.

남궁억이 사장으로 재직할 당시 함께 일했던 나수연·장지연은 당시 최고의 문사들이며 신념이 투철하고 의지가 굳건한 우국지사들로 남궁억과 함께 결속하여 언론 본연의 임무를 충실히 실행하였다. 이렇게 되니 서구 열강의 영향으로 인해 주체성이 흔들리고 있던 정부로서는 이 신문과 책임자 남궁억에 대한 시선이 곱지 않을 수밖에 없었다.

한번은 이런 일도 있었다. 1889년 4월 14일 『황성신문』 잡보에 실린 기사가 그 발단이었다. 한 부처가 천주교에 입교했다는 내용의 '불입천교佛入天敎'란 기사였다. 천주교를 비방하는 듯한 이 기사에 불만을 품은 이택부 등 천주교 신자 십여 명이 4월 23일 신문사로 쳐들어가 사장 남궁억을 종현성당(지금 명동성당)으로 납치·감금한 후 위협을 하였다.

"부처란 누구를 지칭한 것인가? 그 출처를 대라. 만일 이에 응하지 않으면 신문사를 파괴하겠다."

할 수 없이 남궁억은 그 출처를 밝힌 후에야 풀려날 수 있었다. 이 사건은 천주교 측을 대표한 뮈텔 주교가 사과의 뜻을 표함으로써 더 이상 확대되지는 않고 마무리되었지만 이와 같이 크고 작은 일로 여러 차례 고초를 치르게 되었다.

당시 남궁억과 함께 황성신문사에서 일하던 간부들은 투철한 신념을 지닌 우국지사들로서 우리나라의 독립과 발전을 위한 여러 가지 개혁과 서양 문화의 수입 및 민권 확장을 부르짖는 등 시대의식을 불러일으켰다. 특히 나수연·장지연과 같은 이들은 쟁쟁한 문필 능력으로 강인한 의지를 표출하였다. 이들은 때때로 팔판동 남궁억의 집에 모여 술도 마시고 울고 웃고 시조 가락을 부르다 애국시를 읊던 동지들이었다.

"사상이 없는 사람은 능력이 없다. 그러나 사상이 있다고 다 능력이 있는 것은 아니다. 그러므로 우리는 5천 년의 역사와 문화를 잉태한 사상 위에 자주독립의 능력을 길러야 한다."

"우리 민족은 천부의 능력이 있어 5천 년의 역사와 문화를 이어왔으며 이제 다시 이천만의 능력을 발휘하여 민족의 위기를 극복하자."

남궁억의 이 말은 "우리 민족은 무능한 민족이니 황국신민이 되어 우수한 민족으로 거듭나기 위해 힘써야 한다"는 당시 '민족개조론자'들의 주장과 대비된다.

또한 『황성신문』은 기울어가는 나라의 민족지로서의 역할을 수행하였다. 러시아공사 웨베르에 이어 조선에 부임한 스페엘A. de Speyer 공사는 웨베르가 조선에 대해 회유의 정책을 써온 것과는 달리 강경한 방침으로 조선 정부를 대하였다. 1900년 7월 30일 러시아공사 스페엘은 일본공사 하야시林權助와 밀의를 하여 러일 양국이 조선을 분할 점령하되 평양 이북은 러시아가, 그 이남은 일본이 점령하자는 제안을 일본에 했다. 하지만 일본은 한반도 전체를 점령하고자 하는 침략정책을 가지고 있었기에 러시아에 대해 거부 의사를 밝혔다. 『황성신문』은 이를 기사화하여 러시아의 침략 근성을 공박하고 러시아의 제안을 거부한 일본의 속내를 성토하면서 경계하지 않으면 안 된다고 정부에 주의를 환기시켰다.

아사俄使와 일사日使간에 한국 분할에 대한 폭만지설暴慢之說
일본 신문과 각국의 신문 및 전보에 의하면 광무 4년(1900) 7월 30일 신보난에 아사가 일사를 향하여 한국 분할에 대한 것을 보고 대경실색하여 황성신문사의 의무로서 전국에 알림이라.

한국 분할설이 성사되지 못했음을 서슴지 않고 그대로 밝히며 러시아의 한국 분할 침략근성을 공박하였다. 또 일본이 이에 응하지 않은 심사를 토로하며 정부의 경계를 촉구하였다. 이 일로 1900년 8월 9일 하오 6시에 경부서리 대신 조병식이 신문사 사장 남궁억을 수금하여 밤새 심문을 하였다.

경무청에서 심문할 때 한 경무사가 말했다.
"이렇게 경악분통할 기사를 양 공사에게 질문도 없이 전재했느냐."
이에 남궁억은 되물었다.
"전재한 것이 무슨 잘못이냐, 그러면 일본의 『대판신보』가 기사로 실은 것은 국제 체면에 어찌 생각되느냐."

"우리는 마땅히 러일의 야심을 국민 앞에 폭로할 의무가 있으며 경계하지 않으면 아니 될 것이다. 이천만 동포가 다 알아야 할 것이 아닌가? 무엇을 죄라고 하는가."

당시 경무서리인 외부대신 조병식은 독립협회 때부터 혐오해오던 사이로 남궁억은 당시 경무청에서 20여 일간 수금되어 협박 공갈로 고통을 받은 후 석방되었다.

1902년 남궁억은 다시 러일협정 의정서의 부당함과 일제의 간계를 폭로한 기사 때문에 5월 총무 나수연과 함께 또다시 구속되어 넉 달간 경무청에 구금되어 혹독한 문초를 받았다. 이때 경무청 감방 앞에서 열일곱 살의 외아들 남궁염이 거적자리를 깔고 아버지를 내놓으라고 울부짖으며 열사흘을 단식하며 투쟁하였다. 평리원의 심사를 마친 후 8월 8일 남궁억은 석방되었고, 나수연은 9월 11일 석방되었다.

이후 외아들 남궁염은 아버지의 권유로 1907년 11월 공부하기 위해 미국으로 건너갔다. 캘리포니아 주에서 고등학교를 다니고 남가주 대학에서 1년을 수학하였다. 취직하여 두 해를 벌어 버지니아 주로 와서 남감리교에서 경영하는 랜돌프 메이콘Randolph Macon 대학에 입학하여 1917년에 졸업하였다. 그해 7월 워싱턴으로 가서 은행원으로 근무하면서 1919년 독립운동 때에 거류민독립추진위원회를 조직하고 위원부의 일을 맡아보았다. 남궁염은 이후 미주 지역의 민족운동과 독립운동에 큰 역할을 담당한 이승만 박사의 주선으로 결혼을 하였다. 남궁염 부부는 미국의 어려운 대공황시기에 동지회를 결성하여 뉴욕에 살던 한인들

아들 남궁염 가족(옆 부인 우씨, 좌측위 장남 낭궁준, 아래 장녀 남궁혜원, 차남 남궁진)

과 함께 조국의 독립에 지속적인 관심을 가졌다.

남궁억은 1903년 3월에 신문사 사장직을 내놓았다. 주요 원인은 경영이 점차 어려워졌기 때문이다. 분명한 기록과 문헌이 남아 있지 않아 단언하기는 어렵지만 1901년 12월 30일 이후 "본사에서 신문발간하는 제반 경비는 해당 대금을 매달 받아 응용하는 것 외에는 다른 재정이 없는지라 …… 따라서 신문을 계속 발간할 방책이 없아오니 …… 여러 군자께서는 밀린 대금을 이달 안으로 청산하여 보내주시어 본 신문이 폐지할 지경에 이름을 막아주시기를 간절히 바랍니다"라는 긴급고백이 빈번하게 지면에 실려 있다.

남궁억의 뒤를 이어 사장에 취임한 사람은 바로 위암 장지연이었다. 장지연은 을사늑약이 맺어질 때 유명한 「시일야방성대곡是日也放聲大哭」이라는 논설과 「오건조약청체전말五件條約請締顚末」이라는 잡보를 실어 나라 잃어가는 백성의 통분함을 표출하였다.

1903년 4월 전 영관領官이었던 유동근柳東根의 밀고로 남궁억과 나수연이 경무청에 잡혀가 고문을 당하였다. 죄목은 일본에 망명가 있는 박영효·유길준과 내통하며, 국내로는 유맹·장지연·유근용과 연락하여 모월 모일에 거병하여 궁궐을 침입하려 한다는 허위죄명이었다. 남궁억은 거듭되는 심문 중에도 이러한 일이 없었음을 끝내 주장하며 "이 일은 어떤 자가 나를 음해하려고 꾸며낸 짓이니 조사해 보라"고 당당히 맞섰다. 이때 성기에 불심지를 대는 고문으로 후에 성불구자가 될 정도의 모진 고문이 가해졌으나 끝까지 무고를 주장하여 결국 4개월 만에 석방되었다. 이 일은 남궁억을 위협하여 『황성신문』의 필봉을 무디게 하려는 궁정대신이 유동근을 시켜 꾸민 계략이었다.

이처럼 『황성신문』은 기울어가는 나라 한국 민중의 애국심을 버티게 해준 민족지로서 역할을 충실히 하였으며, 그 중심에 남궁억이 있었다. 『황성신문』은 1910년 9월 14일 강제 폐간되었는데, 만 12년간 발행됨으로써 한말에 발행된 신문 가운데 가장 오랫동안 발간되었다.

대한협회와 관동학회 활동

1907년 7월 24일 정미7조약으로 일본은 시정개선에 관한 통감의 지도권이라는 명목으로 한국 내정에 대한 간여를 공식화했다. 그리고 순종의 즉위식을 거행한 후 일제는 만일을 대비하여 서둘러 한국인 군대를 해산했다. 그 후 법령과 인사가 일본인의 손아귀에 들어가고 경찰권과 사법권이 이양되면서 한국은 통감정치의 지배를 본격적으로 받게 되었다.

군대해산에 분개하여 해산된 각처의 군인들이 의병과 합류하여 투쟁을 전개하였다. 강원도 춘천에선 회서학파 문인 유인석의 영향을 받은 박선명·유태석 등이 의병봉기를 일으켰다. 의병들은 양양 지역으로 들어와 왜병과 접전을 벌여 승리를 거두기도 하였다. 당시 일진회 친일배들이 세력을 잡은 현산학교는 불타 훼손되고 민간에 적립해두었던 학교 기본금은 몰수당했다.

한편 해외 동포들 사이에서도 배일운동이 치열하게 전개되었다. 1908년 2월에 미국인 스티븐슨이 샌프란시스코에서 한국에 대한 일본

『대한협회회보』(1908년 4월 창간)

의 식민통치에 대한 찬사의 글을 신문에 썼다가 전명운·장인환에게 권총으로 사살당했다. 그러나 점차 국운이 기울어져 가는 상황 속에서도 한국인들은 절망하지 않았다. 매국적 반역단체들이 난무하였지만 다른 한편에서는 참된 민족의식과 자각적인 자유사상에서 새로운 운동이 일어났다. 독립협회 이후 공진회·헌법연구회·대한자강회·대한협회·인민대의회 등 많은 정치단체가 만들어졌다.

『황성신문』 발행인 자리에서 물러난 남궁억은 을사늑약 체결로 외교권이 일제에 넘어가는 등 점차 위태로워져 가는 조국의 형편을 그저 앉아서만 보고 있을 수 없었다. 그리하여 1907년 11월에 대한협회의 조직과 더불어 1908년 2월 8일에 열린 제4회 총회에서 회장으로 추대되었다. 대한협회는 대한자강회의 후신으로 교육 보급, 산업 개발, 생명재산 보호, 행정제도 개선, 관민폐습 교정, 근면 저축의 실행, 권리·의무·책임·복종 사상 고취 등 7개의 기본강령을 내세웠던 정치단체였다. 대한협회는 1908년 4월 25일 잡지 『대한협회회보』를 발간하였다. 여기에는 당대 명사들의 글이 많이 실렸는데, 글마다 동포들에게 독립의 중요성을 강조하였다. 남궁억은 『대한협회회보』에 두 차례 논설을 실었는데, 제2호(1908년 5월 25일)에는 「사상과 능력의 상수相須」라는 글을 실었다. 여기서 상수라는 말은 서로 필요로 한다는 뜻으로 사상에도 능력을 필요로 하고, 능력에도 사상을 필요로 한다는 것이었다.

사상과 능력의 상수

사상이라는 것은 사실의 어머니이다. 사상이 있은 뒤에야 사실이 있게 되나니, 사상이 없이 사실을 구하면, 이는 평지에 한 삼태기의 흙을 붓지 않고 만 길의 산을 쌓으려 하는 것이며, 먼 길에 한 걸음도 나아가지 않고 만리를 나아가려 하는 것이다. 그러므로 어떠한 사실이든지 반드시 사상을 먼저 쌓을지니라.

그러나 사상이 있다고 사실이 곧바로 나타나는가? 가로되, 이는 삼척동자라도 그 불가능함을 먼저 알 것이다. 그러므로 사상이 있어도 또 그 능력을 기대하는 것이니, 사실을 찾는 자는 사상이 이것이요, 사실을 만드는 자는 능력이 이것이니라.

이 때문에 지난 일을 고증하건대, 미국의 독립군과 폴란드의 독립당이 동일한 회포로되 성공과 실패가 서로 다르고, 프랑스의 혁명가와 러시아의 혁명파가 동일한 목적이로되 일어섬과 넘어짐이 서로 다르고, 이집트와 캐나다가 권리를 되찾으려는 심사는 같으련만 그 소득이 이와 같이 다르며, 이태리와 헝가리가 강토를 회복할 바람은 같으련만 그 성취가 이와 같이 다르다.

오호라, 이를 미루어 보건대 사상이 없는 자는 능력도 반드시 없으려니와 사상이 있다고 능력이 반드시 있다고 하는 것 또한 하나의 허망한 문제이다.

이제 우리 국민이 이때를 만나 국가의 독립을 그 누가 빌지 않으며, 인민의 자유를 그 누가 바라지 않으며, 동포의 번식을 그 누가 희망하지 않으며, 국토의 안전을 그 누가 구가하지 않으리오. 문명을 환영하는 유신당維新黨만 이와 같을 뿐 아니라 미련하고 어리석음을 스스로 달게 여기는 수구귀守舊鬼도 이 마음이 반드시 있을 것이며, 시국을 깨달아 아는 뜻있는 자만이 이와 같을 뿐 아니라 대세를 전혀 모르는 하등한 사람도 이 마음이 반드시 있을 것이다.

단지 국민사상에 대하여 평가를 내릴진대, 우리 대한이 거의 가깝다 하겠으나, 이 큰바람을 봉부奉副할 능력이 있는가 없는가는 아직 모르겠다.

능력만 있으면 부패한 습관을 하루아침에 개량하고 비열한 정치를 하루저녁에 혁신하여 사천 년 국가 문명의 꽃이 활짝 피고 삼천리 구역에 자유의 등불이 밝게 빛나서 손짓 한 번 발짓 한 번에도 크게 비약하고 크게 진취함을 빠르게 얻으려니와, 만일 능력이 부족하면 그 마음만 헛되이 애쓰고 그 혀만 헛되이 닳을 테니, 어찌 두려워할 만한 바가 아니며, 어찌 경계할 만한 바가 아니겠는가.

아! 우리들은 오늘날 잠자는 것을 잊고 밥 먹는 것도 폐하여 이 능력을 기를 것이며, 지혜를 다하고 생각을 다하여 이 능력을 만들지어다. 그러나 이 능력을 길러주려면 또 어떤 방법을 써야 하는가? 그저 그 사상을 실천함이 이것이라. 하나의 상업을 진흥할 사상이 있거든 이를 곧 실천하며 하나의 공예를 창조할 사상이 있거든 이를 곧 실천하고, 그 밖의 온갖 사업마다 각각 그 사상이 미치는 바대로 즉시 실천하여 한마디씩 나아가며 한 걸음씩 용기를 떨치면 능력이 불쑥 드러나나니, 영국 수군제독 넬슨이 말하지 않았던가. "내가 초년에 해상에 자취를 드러내어 무예를 연습할 때, 스스로 생각건대 신체의 건장함이 남에게 미치지 못하며, 심계心計의 정밀함이 다른 사람을 넘을 수 없어서 공명심은 비록 성하나 재략才略의 멸렬蔑劣을 스스로 돌아보매 불만스런 한탄이 항상 많아서 바다 물결에 몸을 던지려 함이 여러 번이었는데, 성실한 노력을 기울인바 항상 우뚝 솟은 신령한 빛이 뇌리에 떠올라서 이에 오늘날 이 바람을 봉부하노라" 하였으니 좋도다. 이 말이여! 능력을 길러주는 불이법문不二法門이니, 일어날지어다, 천부능력이 있는 우리 국민이여!

1908년 6월 25일 발행한 제3호에서 「사회조화」란 글을 발표하였다.

희랍(그리스)의 옛 철인哲人이 우주의 만상萬象을 보고 조화의 이치를 드러내고, 이제까지 수천 년 동안 일반 학자가 그것을 바탕으로 격물치지格物致知하는 방도로 삼았다. 그러나 어찌 유독 만물의 차원에서만 조화의 이치가 있겠는가? 무릇 모든 사람의 일이 다 그렇지 않음이 없도다. 국수國粹는 한 사람이 완전히 갖출 수 있는 것이 아니며, 국풍國風은 한 사람이 혼자 가질 수 있는 것이 아니다. 작음과 큼이 서로 의지하고 겉과 속이 서로 호응한 뒤에 탁연卓然히 그 정精을 간직하고 그 빛을 빛나게 하여 요사한 기운이 거기에 탈 수 없나니, 만약 다만 개인에게 완전함을 찾으면서 인물의 모자람을 탄식한다면 어찌 식견이 좁은 자가 아니겠는가? 요컨대 노성老成은 노련한 어른의 슬기가 있는 것이고, 소장少壯은 씩씩한 젊은이의 기개가 있는 것이며, 부녀婦女는 부녀의 맑은 덕이 있는 것인데, 이제 소장에서 슬기를 찾다가 그가 노성보다 못함을 탓하며, 노성에서 기개를 찾다가 그가 남자보다 못함을 탓하여 남을 책망하기가 끝없고 비웃음과 욕설이 서로 높아지면 어찌 성취하는 바가 있겠는가?

앞길에 난만爛熳하게 가로놓인 것은 황금이 쌓인 국토이니, 채찍질하여 그 발걸음을 나아가게 하며 빙빙 돌면서 움직여 그 궤도를 향하면 아마도 필시 목적에 도달하는 것은 하루면 될 것이다. 무릇 열성熱性이 세찬 곳에는 물불도 오히려 피하지 않으며, 정성스런 마음이 닿는 곳에는 금석도 오히려 뚫을 수 있나니, 천하에 어찌 우리가 나아가는 것을 또다시 막을 것이 있겠는가? 저 의지가 박약한 자는 만물이 조화하는 원리를 모르면서 어떤 일은 고상한 사람의 직업이라 하고 어떤 일은 비천한 사람의 직업이라 하며, 어떤 일은 하고 싶고 어떤 일은 하고 싶지 않아서 어떤 일은 할 만하다고 하고 어떤 일은 할 수 없다고 하니, 아! 어찌 그리도 견해가 그릇된 것인가?

사회인들이 모두 침묵을 좋아하여 그 편벽偏僻을 지적하는 자가 없으면 사회가 빛을 잃을 것이요, 사회인들이 모두 격렬함을 추구하여 그 덕성을 쌓는 자가 없으면 사회의 원기元氣가 쪼개질 것이니, 삼가 기억할지어다. 사회인들이 모두 정치를 지향하고 상업과 공업 등의 실업이 없으면, 어찌 그러고서도 사회가 제대로 이루어지겠는가? 사회인들이 모두 실업을 도모하고 종교와 철학 등의 각각 분야가 없으면, 어찌 그러고서도 사회가 제대로 이루어지겠는가?

침針은 비록 작은 물건이지만 그 귀부분도 있고 그 끝부분도 있으니, 그 끝부분을 제거하면 쓸모가 없으며, 그 귀부분을 제거해도 쓸모가 없다. 하물며 거대한 사회를 어찌 한 사람의 지혜로 다스릴 수 있겠는가? 그러므로 우리들도 오늘날 한 사업의 완성을 구함이 마땅하니 천 리를 내달리는 마음으로 방종하고 절제할 줄 몰라서는 안 된다.

원근의 견문을 구하여 경영의 기초를 세우는 것은 선진의 직분이고, 앞날의 험난함과 평이함을 예상하여 그 입각立脚의 위치를 굳게 하는 것은 청년의 책임이다. 일시적 편안함이 없으며, 한가로움을 틈타지 않고, 헛된 것을 찾지 않으며, 그림자를 좇지 않고, 각각 제 직분을 다하며, 각각 제 직업에 힘쓰면, 이것이 이른바 '생각이 다양해도 결론은 한결같고, 길은 달라도 귀결은 같다'는 것이니 이 한 몸으로 보더라도 참으로 시각을 폐하면서 청각만 보존할 수는 없고, 손을 귀하게 여기면서 발을 천하게 여길 수도 없으니, 백체百體가 명령을 따르기를 구하는 것은 옳다 하노라.

즉 작은 바늘조차도 귀부분과 끝부분이 있어야 그 가치를 발휘할 수 있는 것처럼 사회는 한 사람의 지혜로 다스려지는 것이 아니라 서로 각자의 자리에서 제 역할을 다 할 때만이 자연스럽게 굴러가는 것임을 강조하였다. 그뿐만 아니라 기성세대는 견문을 구하여 경영의 기초를 세운다면 청년들은 그것을 보다 단단하게 지켜나가는 것이 책무임을 밝힘으로써 세대 간의 조화를 강조하기도 하였다.

당시 이 협회는 전국 방방곡곡에 지회를 설치하는 등 비교적 활발한 활동을 벌였다. 그러나 이미 '보호정치'를 시작한 일본으로는 이러한 움직임을 결코 무시할 수 없어서 비밀리에 간섭하였다. 그 와중에 회원들은 강경·온건론으로 대립하는 가운데 남궁억은 1908년 12월 회장직을 사임하였다.

그 외 인민의 교육계몽을 위해 국민교육회·국문연구회·대동학회·흥사단·청년회·진명부인회 같은 교육 문화 단체들이 생겨났다. 이 가운데 전국적으로 서울에 거주하는 이들을 중심으로 자신들의 출신 지역에 사립학교를 세우고 이미 만들어진 학교는 경제적으로 원조하고 교사 알선을 하는 등 민족교육에 앞장서자고 학회를 지역별로 조직하였다. 평안도·황해도·함경도 출신 인사들이 조직한 서북학회, 경기도·충청도 출신 인사들이 조직한 기호학회, 경상도 출신의 교남학회, 전라도 출신의 호남학회, 강원도 출신의 관동학회 등이 그것이다.

남궁억이 관여한 관동학회는 1908년 3월 23일 발기평의회를 개최하는 동시에 조직을 갖추었다. 평의원은 김명제金命濟·남궁훈南宮薰·이보현李輔炫·이시영李時榮·이주환李周煥·유면수劉冕洙·박승빈朴勝彬·박기동朴起東·서상영徐相映·오태환吳台煥·원대규元大圭·정호면鄭鎬冕·차상학車相鶴·최종락崔鍾洛이다. 관동학회의 창립 취지는 강원도민을 중심으로 민족문화운동을 전개하기 위함이었다. 남궁억은 이 취지에 따라 지회를 설치하고 강원도 인사들을 규합하여 교육운동을 본격적으로 시작하였다. 1908년 4월 2일 모임에서 회장으로 남궁억, 부회장으로 정봉시鄭鳳時를 추대하였다. 관동학회는 이후 발전하여 철원에다 지회를 설치하여 강원도 북단의 인사들을 규합하여 교육운동을 본격화하였다. 11월 15일에는 관동학생친목총회를 열어 재경 유학생은 물론 강원도 내의 교육을 발전시키기 위하여 노력했다. 강원도 내의 우수한 학생들을 모집하고 종로 후염동 학회 회관에 강습소를 설치하여 교수법을 강습하여 신설 사립학교 교사로 보낼 인재를 육성하였다. 관동학회의 재정은 여러 사람의 기부로 충당되었다. 충청도 제천에 사는 이희직李熙直이 논 20마지기를 기부하기도 하였다. 이렇게 민간의 교육열은 단체 학회의 결성과 무수한 사립학교의 설립으로 이어졌다.

이런 중에 일제는 1909년 7월 12일 한국의 사법권을 약탈하는 기유각서를 체결했다. 『대한매일신보』의 발매를 금하고 친일파 이완용과 데라우치 사이에 '한일병합에 관한 조약'을 조인하였다. 대한제국의 주권·영토·국민을 완전히 일본에 넘겨주는 대가로 얻은 것은, 대한제국의 황실과 일부 친일파에게 주어진 작위와 은사금이 전부였다. 일제는 1910년 8월 29일 '조선총독부 설치에 관한 칙령'과 9월 30일 '조선총독부 관제'를 발표하여 조선총독부를 설치하였다. 이로써 조선왕조 5백 년의 역사는 역사의 뒤안길로 사라지게 되었고, 한국은 일제의 식민통치하에 들어가게 되었다. 일제는 무단통치를 통해 일체의 집회 결사를 금지하였으므로 관동학회도 문을 닫게 되었다.

청소년 통신강의록, 『교육월보』 창간

남궁억은 대한협회의 회장에 취임하기에 앞서 협회의 여러 부서 중 특히 교육부에 소속되어 있었다. 그 뒤 협회의 회장이 되자 교육부장으로 여병현을 추대하였다. 회장직에서 물러난 뒤에도 협회의 교육부장 여병현과 가깝게 지냈다. 국민교육과 사회계몽의 일념을 다시 실행키 위해 1908년 6월 25일 『교육월보』를 창간하여 10개월 동안 발행하였다. 이 잡지는 학교에 다니지 못하는 청소년들을 위해 발행한 우리나라 교육사상 최초의 교육잡지이며 통신강의록이다.

창간호에는 「교육월보 취지서」가 실렸는데 여기에서는 교육이 국가의 문명과 부강을 가능케 하는 기관이라고 강조하였다.

나라가 흥하고 망하는 근인根因이 어디 있느냐 하면 그 나라 안에 사는 인민의 지식이 있고 없는 데 있으며, 인민의 지식이 있고 없는 것은 어디 있느냐 하면 교육이 발달하고 못하는 데 있나니, 그러한즉 교육이라 하는 것은 나라를 문명케 하고 부강케 하는 큰 기관이라 하리로다. …… 무릇 학문이란 것은 이상한 것이 아니라 세계 형편부터 사농공상의 당연히 할 도리를 아는 것이 학문이니, 한문으로만 가르쳐야 알고 국문으로 가르치면 모르는 것이 아닌즉, 순연한 우리나라 글자로도 법률·정치·교육·식산·물리·화학·역사·지지·산술 등 각종 학문을 못 가르칠 바가 없으며 못 배울 바 없고, 배우면 그대로 시행치 못할 바가 없는즉 배우지 못한 우리 2천만 동포로 하여금 매삭에 한 권씩 사서 아침저녁 노는 겨를과 일하다가 쉬는 때와 심지어 화륜거·화륜선을 타고 다닐 때라도 놀고 잠자지 말고 열람하면 전국 동포가 모두 큰 학자가 될 것은 정한 일이니 그렇게 되면 거의 무너진 우리 대한 큰 집을 바로잡아 남의 압제를 면하고, 자주독립을 회복하여 세계에 동등 대접을 받기가 어렵지 아니할 줄로 믿고 믿노니 동포들은 힘쓸지어다.

창간 취지서에 의하면 남궁억은 교육이란 나라를 문명하게 하고 부강하게 하는 큰 기관이라고 하였다. 학업을 통해 어려서부터 사람의 지식을 넓혀서 세상 모든 일을 다 알게 하고 사농공상과 같은 일을 알게 하는 것이 학문의 진정한 목적이라고 강조하였다. 그리고 한국사람도 교육을 받아 지식의 사람이 되어, 외국 사람들의 천대와 압박을 면하고 자주력을 길러 침해를 받지 말아야 함을 강조하면서 바로 이런 목적하에 『교육월보』를 창간한 이유를 밝혔다.

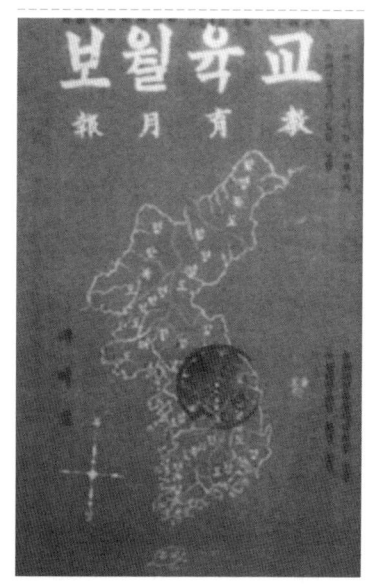

「교육월보」

교육월보사는 경성 중부 교동에 있었고 편집 겸 발행인은 남궁억이 맡았다. 인쇄는 보성사에서 했다. 매월 25일에 일 회씩 발행하였고, 책값은 15전이었다. 『교육월보』의 기록 형식은 문답식으로 했으며, 과목은 동국역사·대한지지·만국역사·만국지지·산술·물리학·위생론·가정요결·한문초학·담설譚說로 한글로 작성하였으며, 수준은 보통과 정도였다. 처음 사업을 시작할 때의 자금은 동지들로부터 모금하였으나 시간이 지날수록 대금 미수가 태반이 되어 경영난에 빠졌을 뿐만 아니라 민중의 지식 정도가 낮아 설립한 지 1년만에 7호를 끝으로 폐간하고 문을 닫았다.

이처럼 남궁억의 언론활동은 『독립신문』의 영문판 기자로 시작하여 『황성신문』 사장으로 전성기를 이루다 『교육월보』 잡지를 간행함으로써 막을 내렸다. 언론인으로서 남궁억은 시종일관 민족의식을 바탕으로 교육계몽과 애국사상을 고취시키고자 노력하였다. 마침내 남궁억의 언론활동은 중단되었지만 "우리나라 근대 신문 생성기에 개척적인 공헌이 매우 큰 인물로서 선구적이며 의욕적인 희생을 아끼지 않았다"는 평가를 받고 있다.

청렴한 지방관리의 삶 04

성주목사 시절

언론인으로서 활동을 마감한 남궁억은 1905년 3월에 성주목사聖州牧使로 부임하였다. 일찍이 성주엔 일진회 성주지부가 있었다. 성주지부 간부인 임모와 배모는 황성신문사 사장으로 언론을 통해 항일운동을 전개한 남궁억이 성주목사로 부임하게 된 것을 심히 못마땅하게 생각하여 그가 부임한 후 서울의 일진회와 밀의하여 무죄한 백성을 잡아들이는 횡포를 자행하였다. 그리고 갖은 모략으로 남궁억으로 하여금 고을살이를 못하게 하려 하였으나 그는 추호도 부당한 행위를 하지 않아 빌미를 잡을 것이 없었다.

성주목사 시절 남궁억의 청렴함을 나타내는 일화가 있다. 재임 초 경상도관찰사 이근택李根澤으로부터 인삼 1,000근·금 3,000냥·면주綿紬 500필을 바치라는 명령을 받은 남궁억은 일체 대응하지 않았다. 가을이 되자 독촉이 심해졌고 남궁억은 대구로 가서 이근택을 맞대면하고 한판

승부를 벌였다.

"그 명령을 수행하려면 성주 백성들이 못살게 되므로 이는 불가능합니다."

남궁억은 단호하게 말하였다. 이에 관찰사는 노발대발하며 호통을 쳤다.

"상관의 명을 어기고 핑계를 대니 당장 벼슬을 내놓으라."

이에 남궁억은 벼루를 들어 관찰사 앞에 내던지며 언성을 높였다.

"내가 성주고을을 떠나면 떠났지 이 짓은 못하겠다. 이놈! 이 벼슬이 네가 준 벼슬이냐. 이놈아! 네가 언제부터 세도가 당당했더냐."

그는 즉석에서 성주목사를 사임하였다. 관찰사 이근택은 친일파로서 일진회 회원이었다. 더구나 서울에서 남궁억이 독립협회 총무로 있을 때부터 그를 독립당이라고 해서 음모해오던 관계로 사이가 좋을 수 없었다. 이리하여 남궁억은 1906년 9월 성주목사를 사임하고 귀경하였다.

양양군수, 현산학교를 세워 산골 농민들을 깨우다

성주목사를 사임하고 귀경한 남궁억은 일진회 회원들의 준동이 노골화한 것을 보고 너무 충격을 받아 길 위에서 졸도한 적도 있었다. 얼마 안 있어 1905년 11월 17일 을사늑약이 체결되었다는 소식을 접하게 되자 이루 말할 수 없는 통분과 절망으로 건강이 극히 쇠약해졌다. 전국의 민심은 흉흉해졌고 무슨 변란이라도 곧 일어날 것 같은 분위기였다. 각 지역에서 의병들이 일어나기 시작하였고, 끝내 조인을 거부한 민영환은 국민에게 고하는 유서를 남기고 자결하였다.

이처럼 을사늑약 체결로 일제는 우리나라를 '보호국'으로 만들고 통감부를 설치하여 우리나라의 외교권을 박탈하였고 서서히 내정에까지 간섭의 손길을 뻗쳐나갔다. 당시 영국인 베델Bethel과 미국인 헐버트Herbert는 신문과 잡지에 일본의 무리한 침탈과 기만을 공격하였다. 『황성신문』에는 장지연이 「시일야방성대곡」을 1905년 11월 28일자에 특필하여 발표하였다. 일경은 곧 장지연을 포박하였고, 동시에 『황성신문』을 정간시켰다.

친일파들은 나라의 독립을 위해 고군분투하는 남궁억이 서울에 있음을 꺼리며 평산군수로 가라고 권하였다. 하지만 남궁억은 건강 때문에 휴양하기 위해 산수가 좋은 양양으로 가겠다고 하여 1906년 1월 양양군수로 부임했다.

부임 초 남궁억은 초하루와 보름에 객사에 들어가 하례를 하고 조석으로 개문과 폐문을 하더니 두 달 후 객사 하례법을 폐지하였다. 그리고 점차로 행정을 신식으로 간소화하기 시작하여 개화사상을 실천에 옮겼다.

양양군수 시절 한번은 도내를 순찰하던 관찰사 심상훈이 남궁억을 보고 매우 놀라 물었다.

"웬일로 여기 와서 고생하느냐."

"독립은 몇몇 지도자에 의해서 이루어지는 것이 아니라 산골 농민이 깨어야 이루어지는 것이다."

남궁억은 이처럼 귀찮은 일을 마다하지 않았다. 특히 청년회를 조직하여 애향심과 민족정신을 고취하고 민주적 역량을 기르는데 힘썼으며 그런 중에 모아들인 기부금과 문중의 재산 등 4,000환을 재원으로 양양의 동헌 뒷산에 중등학교 정도의 현산학교를 설립하여 순수 민간 차원에서 교육운동을 본격적으로 전개하기 시작했다. 현산학교 설립 정신은 국권 갱생의 길은 오직 하나인 교육밖에 없다는 민족주의 정신이었다.

그러나 당시 아직 백성의 의식 수준이 높지 않던 양양에 학교를 세운다는 것은 그리 쉬운 일이 아니었다. 남궁억은 지역 내의 인사들을 모아 놓고 일일이 설득하고 권면하였다.

일본이 강국이 된 것은 서구의 문명한 병기를 수입하여 새 전법을 훈련했고, 모든 문화시설을 서구에서 배워다가 한국보다 먼저 개화에 손을 써서 정치와 교육과 사회제도가 우월했던 것이다. 그러나 한국은 대원군 때까지 세계정세에 어두운 쇄국주의 정책하에 골동품화 해가는 한문만을 숭상해 오다가 결과적으로 보호국이라는 불명예스러운 비운을 빚어낸 것이 아니었던가.

서구문화를 재빨리 받아들인 일본이 청국과 러시아를 밀치고 한국을 독점하려는 국제정세를 힘주어 말하면서 이제 국권갱생의 길은 오직 교육밖에 없다고 역설하였다. 청년회를 조직하여 회장에 이홍영李鴻榮을 세우고 유지들로 평의회를 조직하여 학교를 후원하게 했다. 그러나 학생을 모집함에 자진해서 나오는 학생이 없었다. 그때 사람들은 신식학교로 아이들을 보내기보다는 전통적인 글방으로 보냈기 때문이다. 이에 남궁억은 집집마다 방문하여 의무적으로 자녀를 한 명씩 보내라고 명령하였다. 한창 학생들을 모집할 때는 학교에 이름만 걸어놓은 아이들도 있었다. 그는 아침에 '얼굴도장'만 찍고 눈을 속여 글방으로 숨어 가서 글을 읽은 아이들을 붙잡아다 놓고 가르치기도 하였다. 어떤 부모들은 멀리 친척집으로 보내 글방을 보냈으며, 양학을 배우면 눈알이 노래진다느니 혀가 꼬부라진다느니, 난리가 나면 먼저 죽는다느니 유언비어가 퍼지기도 하였다. 특히 이 고을에서 오래 관직을 지낸 유학자 정현동鄭顯東은 양반 행세를 하면서 남궁억의 개화사상을 깔보고 완강히 반항하였다. 그러나 강력하게 반대하는 자들을 잡아다 태형을 하는 등 강제로 붙잡아 들이다시피하여 200여 명의 학생을 모집했다. 정현동의 경우 형리를 시켜 묶어다 놓고 볼기를 치면서 "너 같은 사람이 많아서 우리나라가 이 꼴이 된 줄 모르느냐"며 "네 악몽이 깨도록 태형을 치겠다" 하자 두 손을 저으며 잘못을 뉘우쳤다. 남궁억은 껄껄 웃으며, 포박을 풀어 앉히고 술까지 대접하였다.

이처럼 많은 반대에도 무릅쓰고 학생을 모집하여 드디어 1906년 9월 8일 개교식을 거행하였다. 현산학교는 당시 교육구국을 목적으로 세운 대성학교 등과 함께 민족주의 사상가들이 세운 근대학교의 하나이며, 강원도 근대교육을 대표하는 학교로서 지금 양양초등학교의 전신이다.

당시 학생 중에는 상투 머리를 한 학생들도 있었으며, 학생들의 나이 차이가 커서 제일 어린 학생은 11살, 제일 나이가 많은 학생은 23살이었다. 학제는 3년제로 학년을 둘로 나눠 제1학기를 9월 1일에 시작하여 12월 21일에 종업을 하였고, 2학기는 1월 4일에 시작하여 6월 30일에 마쳤다. 겨울방학은 12월 22일부터 1월 3일까지로, 여름방학은 7월 1일부터 8월 30일까지로 하였다. 학교 수업료는 면제였고 공책과 연필은 무상으로 공급해주었다. 교과서를 깨끗이 사용한 학생에겐 상을 주어 후배들에게 물려주도록 하였다.

남궁억의 둘째 딸로 윤치호의 자부였던 남궁자경의 회고록이다.

"아버지가 양양군수 시절엔 혼자만 내려가 계셨는데 학교를 설립하시고는 교과서용 종이·벼루·먹 등을 서울집 마당에 사들여 쌓아놓으시고는 손수 그 먼 시골까지 달구지에 실어 나르곤 하셨다."

남궁억의 이러한 노력은 결코 헛되지 않아 친일세력 일색이던 군내에서 학교를 중심으로 우국지사들이 생겨났고, 훗날 이 학교 출신들이 주도하여 이 지역 3·1만세운동을 치열하게 일으켰다.

그러나 봉건적 성향이 강한 시골 마을에서 신식학문을 가르치는 학교를 세운다는 것은 쉬운 일이 아니었다. 당연히 반대하는 무리가 많았고 이러한 반대를 물리치는데 결정적인 한 사건이 있었다. 바로 1906년 1월 남궁억의 양양군수 부임을 축하하는 환영회 자리에서였다. 설악산 신흥사에서 열린 연회는 신임 군수 부임을 축하하는 자리인 만큼 양양의 유지들이 다 모였는데, 이 자리에서 남궁억은 율객들의 음률에 조율을 주는 가야금 연주의 뛰어난 솜씨를 발휘하였다. 손수 가야금을 타면서 환영에 대한 답으로 시조 한 수를 읊었다. 즉석에서 지어 부른 시조는 바로 「독립의 노래」였다.

〈표 1〉 현산학교 교과목과 교사진

교과목	교사 성명	출신 및 지위
영어, 음악	남궁억	군수로 재임시에
산수, 역사	정우용	후에 서흥군수를 지냄
일어, 체조	김흥식	사관학교 출신
국문, 한문	이흥영	후에 양양면장을 지냄

설악산 돌을 날라 독립 기초 다져놓고
청초호 자유수를 영嶺 너머로 실어 넘겨
민주의 자유강산을 이뤄놓고 보리라

설악산의 많은 바위를 날라서 나라의 터전을 굳게 다지고 속초 청초호의 옥수 같은 자유사상을 대관령 너머로 옮겨와 민주주의 나라를 세우고 싶다는 조국을 향한 남궁억의 간절한 소망을 담은 시조였다.

양양군수 시절 일화

남궁억이 양양군수로 재임하던 시절, 일제는 이토 히로부미가 부임하기 전 한성에 있던 하세가와 요시미치長谷川好道 주차군사령관을 임시통감으로 하여 1906년 2월 1일 통감정치를 시작하였다. 이후 이토를 초대 통감으로 파견하여 본격적인 통감정책을 펼쳤는데 경찰력 강화·도로 개선·농사개량 등이 주요 사업이었다. 그리고 1907년 5월 22일 이완용 내각을 새로 조직했다. 의정부를 내각으로 고치고 내각이 국정의 책임을 지도록 했다. 이것은 황제의 권한을 축소하기 위한 목적이었다. 이토는 친일정권을 구성하여 반일운동에 대응한 새로운 체제를 만들었다. 그리고 정계의 재편성을 배경으로 한국 병합을 준비해갔다.

이 무렵 고종은 을사늑약이 부당하게 강제적으로 체결되었음을 외국에 알리려고 노력하였다. 그 일환으로 1907년 6월 만국평화회의가 열리고 있는 네덜란드의 헤이그에 특사를 파견하여 회의에 참석한 각국 대표들에게 우리의 억울함을 호소하고 탄원하여 일본의 '보호'를 벗어나려고 비밀리에 이상설과 이준을, 러시아 주재공사관에서 이위종을 더하여 세 사람을 헤이그에 보냈다. 그러나 이들은 일본대표의 방해로 거부를 당해 이준은 분개한 나머지 분사憤死하고 말았다. 헤이그에 특사를 보내는 계획에는 미국인 헐버트가 고종의 밀지를 받고 1905년 9월 23일 먼저 미국으로 출발하여 각국의 주재공사들과 교섭하는 등 많은 노력을 하였으나 결과는 목적을 실현하지 못하였다.

헤이그 특사사건의 경과는 이토에게 전해졌고, 일본은 이 기회에 황제 폐위를 단행하기 위해 고종을 몰아붙였다. 이토는 본국 정부에 한국이 특사를 파견한 것은 조약을 위반한 것이기 때문에 일본은 한국에 선전포고할 권리가 있다고 주장하고 이것은 결국 고종의 강제퇴위로 이어졌다. 1907년 7월 15일 양위조서가 발포되며 인심은 격분하고 종로에는 비분한 군중이 쏟아져 나왔으며, 박영효·남정철 등은 양위 반대운동을 하다가 발각되어 경시청에 구금되고 후에 박영효는 제주도로 귀양을 가게 되었다.

서울에서는 '보호국'이란 모욕적인 현실에 피를 흘리며 싸우고 있는데 지방에서는 우매한 인사들이 일본세력에 빌붙어 사기와 협잡을 일삼고 있었다. 특히 양양에는 정토종이 들어와 교주 일본인 아래서 일하는 한국인들이 민가에 들어가 물품을 약탈하며, 동해묘東海廟의 송림에 들어가 큰 소나무를 멋대로 베어내는가 하면, 낙산사를 내놓으라고 협박하였다. 이러한 정토종의 비리가 양양군수 남궁억에게 전해지자 그는 크게 분노하여 일인 교주와 협잡배들을 포박해 법정에 세워두고 호통을 쳤다.

아무리 무지막지한 놈들이기로서니 나라를 빼앗은 놈들과 공모해서 동포의 재물을 노략질하다니 백번 죽어도 죄가 남을 놈들이구나! 서울에서는 왜놈들이 강제로 황제의 왕위를 내놓으라고 해서 장안이 들끓고 있는데 네놈들은 나라도 모르느냐! …… 나는 정토종이라는 종교가 좋은 종교인 줄 알았더니 민폐가 많고 동해묘의 풍치림으로 말하면 이 고을 사람들도 손을 대지 않고 보호하는 수풀인데 항차 종교인으로서 함부로 베인단 말이냐, 더구나 낙산사는 이미 오래전부터 살고 있는 주승이 있음에도 불구하고 위협하여 강제로 뺏으려는 것은 불법이다. 이러한 사기협잡을 일삼는 종교는 외부에 알려서 너를 엄벌에 처하겠다.

이에 일본인 교주는 손을 들어 빌며 살려달라고 했다. 풀려난 일인 교주는 그 길로 도주해버려 정토종은 없어지고 말았다 한다.

또한 군수 재임 시 그곳에 있는 관기들이 수청을 들려고 하자 남궁억은 이성에 대해 엄격한 생활을 했을 뿐만 아니라 일찍이 수감 시 모진 고문으로 성기능을 잃어버려 내게는 소용없다고 거절하고 관기제도를 폐지하였다. 이매지李梅枝라는 기생이 포기하지 않고 수청을 들려 하였으나 끝내 거절하니 이런 그의 인품을 사모하여 이매지는 동헌에서 식모나 침모처럼 일을 하였다. 훗날 군수직을 사임하고 서울로 돌아올 때 울면서 따라가겠다고 청을 하였으나 그는 거절하고 홀로 귀경하였다.

이처럼 남궁억은 1년 8개월을 양양군수로 부임하여 고을을 다스리다가 1907년 9월에 사임하였다. 이로써 그의 관직생활은 양양군수를 끝으로 막을 내렸다. 특히 남궁억은 양양 군수시절 조림 녹화운동에도 적극적이었다.

실천하는 기독교인의 삶　05

종교교회에서의 신앙생활

남궁억이 언제 기독교인이 되었는지는 전해지는 자료마다 조금씩 차이가 있어 정확히 알 수 없다. 다만 대부분의 개화인사가 그랬던 것처럼 영어학교에 입학하면서 자연스럽게 기독교를 알게 되었을 것이다. 그러다가 독립협회 시절 감옥에 있을 때 전도를 받고 성경을 읽었을 것으로 추측된다.

무엇보다 남궁억이 기독교인이 된 데는 윤치호의 영향이 컸다. 남감리교의 제일 처음 신자였던 윤치호와는 독립협회 때부터 친분이 있던 관계이며, 칠곡부사 시절에는 서신으로나마 무궁화를 나라꽃으로 하자는 데 의견을 같이 하였던 사이로 그의 권유로 그가 소속되어 있던 남감리교회에서 세운 종교교회에 출석하여 입교하고 세례를 받았다. 더욱이 남궁억과 윤치호는 사돈지간으로 남궁억의 둘째 딸이 윤치호의 며느리가 되었다. 남궁억의 둘째 딸이자 윤치호의 자부가 된 남궁자경의 기억에 의하면 이 둘의 관계를 짐작할 수 있다.

아버지를 따라 주일이면 교회에 나가 윤치호 선생님께 인사를 드리곤 했고 …… 두 분이 젊어서부터 아주 가까워져 '네 딸 내 며느리하자, 네 아들 내 사위하자' 이렇게 혼약을 하게 된 것이지요. 두 분은 똑같이 개화·독립운동에 앞장서고 서로 의논하여 왔지만 우리 아버지는 좀 더 성격이 굳고 강하신 편이고 시아버지는 보다 온건하시달까. ……

『윤치호 일기』에 의하면 남궁억이 기독교인이 되게 된 이유를 알 수 있는 대목이 있다.

1918년 12월 15일 일요일 저녁 7시에 남궁억 씨의 고별사를 듣기 위해 교회에 갔다. 그는 천국에 가기 위해서가 아니라 세상으로부터 도피할 요량으로 교회에 다니기 시작했다고 했다. 하지만 그는 교회의 대들보 노릇을 해왔다. 이제 그는 나이도 들었고 몸도 쇠약해졌다. 그는 고향 집으로 내려가려 한다. 친구들이 하나 둘 능동적인 삶의 무대에서 물러나고 있다.

'세상으로부터 도피할 요량으로 교회에 다니기 시작했다'고 하면 관직에서 물러난 이후로 보아야 할 것이다. 그가 스스로 관직에서 물러난 것은 단 한 번, 1907년 고종 퇴위 이후이다. 따라서 그가 본격적으로 교회에 나오기 시작한 때는 1907년 이후로 짐작된다. 그리고 나중에 사돈이 되는 윤치호의 영향이나 권유를 받아 감리교인이 되어, 1910년 11월 종교교회에서 세례를 받았다.

한일병탄 이후 남궁억은 더 이상 관직생활을 하지 않았다. 이에 대해 그는 뒷날 「경찰심문조서」(1933. 12. 10)에서 "일한합병 후에 내가 여전히 관직에 있는 것은 사람의 본분에 어긋남은 물론이고 임금과 신하의 의리에도 벗어날 뿐 아니라 경성에 살면 이른바 모든 문물이나 기타 내 눈에 비치는 것은 전부 적이기 때문에 현주소(강원도 홍천)에 와서 일반의 실황을 보니 ……"라 하였다.

이즈음에 남궁억은 본격적으로 신앙생활을 시작한 것으로 여겨진다. 1910년 한일병탄조약으로 일제는 한국을 완전히 집어삼키게 되었다. 외교권이 박탈되고 군대가 해산되더니 결국엔 언론이 폐간되었고, 민간단체의 집회와 일체의 정치활동이 금지되었다. 애국지사들은 가슴을 치며 통분의 세월을 보내야 했다.

남궁억은 인류의 역사는 하나님의 손에 있고 죄가 쌓이고 쌓이면 망하게 마련이니, 회개하여 바른길을 걸을 때만이 다시 하나님이 긍휼과 자비를 베푸시리라는 기독교 진리를 깨닫게 되었다. 한국이 하나님 앞에서 많은 죄를 지어왔기에 결국은 일제에 삼켜진 것이며, 한국 민족이 이 죄를 크게 뉘우치고 하나님의 자비를 간구할 때에 다시 국권을 회복하는 날이 올 것이라 굳게 믿었다. 그리하여 남궁억은 본격적으로 기독교에 귀의하였으며, 신앙운동을 통해 한국 국민의 정신혁신운동을 일으켜야겠다는 굳은 결심을 하게 된 것이다.

그는 종교교회에 출석하는 평신도이면서 1915년 남감리회 매년회에

자골교회 교인들(1906년경)

서 '본처전도사'라는 직책을 받았다. 그러나 1929년과 30년 매년회 회록에선 '임명받지 아니한 본처전도사'로 나온다. 심문조서에도 '명예전교사' 또는 '명예전도사'라는 직분이 나오며, 1933년까지도 그 직분을 갖고 있었다.

남궁억이 세례를 받은 종교교회는 미국 남감리회 해외여선교부 소속 여선교사 캠벨 부인이 들어와 세운 교회이다. 1897년 내한한 캠벨 부인은 배화학당 학생과 교사, 전도부인 및 구도자들을 위해 1900년 4월 15일 부활주일부터 주일예배를 드렸는데 이것이 자골교회, 즉 종교교회의 시작이다.

1908년 도렴동으로 교회를 옮기고 자골교회는 종교교회로 불렸다.

그리고 1910년 새 성전을 건축한 후 급속한 성장과 안정을 이룩하였다. 1910년대 초에 자급·자립하는 교회로서 탄탄한 인적·물적 자원을 바탕으로 서울뿐 아니라 한국교회를 대표하는 교회 가운데 하나로 자리 잡았다. 특히 종교교회에는 한국 근대사에서 민족운동·교육운동을 펼친 인물들이 많았는데, 윤치호·유경상·구자옥·남궁억·차미리사·정춘수·강조원·홍종숙·오화영 등이 그들이다. 이들 가운데 종교교회 담임인 오화영 목사는 민족대표 33인으로 3·1운동에 참여하기도 하였다.

오화영 목사

배화학당 교사 시절, 『가정교육』과 무궁화 자수

평소 교육을 통해 민족의식과 독립사상을 고취할 것을 주장하던 남궁억은 1910년 11월 캠벨 부인의 초청으로 배화학당 교사로 부임하여 교편을 잡게 되었다. 이때도 구국의 길이 기독교와 교육에 있음을 깨닫고 노력한 윤치호의 역할이 크게 작용한 것으로 보인다. 당시 남궁억의 나이는 48세로 인생의 연륜과 지혜를 한 몸에 지니고 있었으며, 배화학당은 10여 년의 역사를 지니면서 그 규모를 제법 갖추고 정신적 지도자를 기다리고 있었다.

배화학당은 1898년 10월 2일 미국 남감리회의 여선교사 캠벨에 의해 설립·운영된 학교이다. 이 학교에서 남궁억은 영문법·대한역사·한

남감리교회 최초 선교사 캠벨 부인

글 붓글씨·웅변법·국문법 그리고 당시 남성으로서는 드물게 가정교육에도 열심이었다. 그는 기분이 우울할 때면 학생들에게 책을 덮으라 하고 학생들과 함께 노래를 부르곤 하였고 늘 웃는 낯으로 명랑한 생활을 하려 애를 썼다. 남궁억은 1910년 11월부터 1918년 12월, 강원도 홍천으로 내려갈 때까지 배화학당에서 8년간 배화의 교사로 활동하면서 배화학당 민족교육의 정초를 놓았다.

교사 시절 남궁억은 상황에 맞춰 가장 적당한 교재를 손수 만들어 학생들을 가르쳤는데, 이는 그의 신앙과 모범적인 교육자로서 삶의 태도에서 비롯된 것이었다. 특히 배화학당의 교가는 그가 작사한 첫 작품이었다.

「배화학당 교가」

저 인왕산 하下 큰 반석
만년 기상 엄연儼然타
그 반석 터가 되어서
이 학교 세웠도다
이곳에 생명 길 있고
이 문에 지식 많다
늘 상제 도움 힘입어
그 전도前途 번창하리

배화학당 교사와 학생들(1906년경)

씨 뿌려 열매 거두고

돌을 갈아 옥되네

뭇 청년 힘써 배양해

큰 그릇 이뤄보세

내 한 집 먼저 다스려

만 가정 모범되네

은총 중에 큰 은총

그 기업 영원하리

(후렴) 좋도다 배화여학당

그 기업 영원하리

애愛흡다 배화여학당

그 제도 아름답다

내용은 기독교의 진리를 기초로 배화학당의 이념과 현모양처주의 교육사상을 담고 있었으며, 후렴 부분에서는 애교심을 강조하였다.

배화학당 교사 시절 남궁억은 손수 일종의 가정교과서를 저술하여 가르쳤는데 『가정교육』이 그것이다. 이 책은 배화학당을 비롯한 우리나라 여성들에게 올바른 가정교육을 가르치기 위해 저술하였다. 이 당시 여성교육과 관련된 저술은 여성들이 저술한 것이 대부분으로 남성의 시각에서 저술된 이 책은 주목되는 것이었다.

가정을 이끌어 가는 주부로 하여금 자기의 책임이 실로 중요함을 자각하게 하여 종전의 폐습을 고치고 새롭게 할 뿐만 아니라 앞으로 그 천차만별의 가정 예법을 점차 동화시켜 인수仁壽의 성城(인덕이 있고 수명이 긴 영역)에까지 진보하게 하려 함이었다. 특징은 가정에서 주부 역할의 중요성을 강조한 점이며, 종전 가정을 다스리는 법도 중에 가장 소홀히 한 육아법을 강조하였다. 이 책은 부인계에 널리 보급함을 목적으로 했기에 한문을 잘 알지 못하는 사람이라도 읽고 각 가정에서 실생활에 직접적인 도움이 되도록 하였다. 100페이지의 한식 제본으로 1914년 11월 5일 유일서관에서 발행하였고 가격은 30환이었다.

이밖에도 전통적인 사대부집 여성에게 가장 중요한 봉제사奉祭祀 접빈

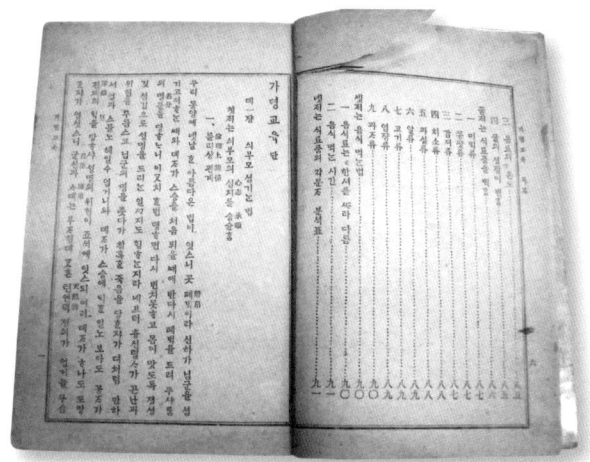 

「가정교육」

객接賓客에 대한 예법과 염하는 법에 관한 내용도 포함하였다. 영문서적을 참고하여 집필한 이 책은 새로운 시대의 생활 전반에 대한 이해와 전통적 가족관계에 대한 가치를 중시하고 있으며, 변화하는 세계 속에서 신문명과 전통적인 생활풍속을 가장 이상적으로 정리하여 새로운 시대에 맞는 여성들의 생활양식 지침서를 만들어냈다.

이처럼 『가정교육』은 여성교육 지침서로서 의미를 갖고도 있지만, 한편으로는 남궁억의 신앙을 엿볼 수 있는 구체적인 면들이 많이 포함되어 있다. 먼저 그는 시부모의 뜻을 따르는 며느리의 자세에서도 신앙인으로서 삶을 이야기하고 있다.

불행히 시부모가 잡술을 믿고 사신 우상을 좋아하여 절에 불공이나 무당 판수나 관제묘 같은 곳에 다니면서 어리석게 전재를 허비할지라도 거스르는 말로 앞서서 간하다가 노여움이나 꾸지람을 당하지 말 것이오. 평일에 먼저 시부모의 뜻을 극진히 따라 그 기쁜 마음을 얻은 후에 천천히 좋은 기회를 타서 하나님을 믿고 복 받을 일을 온화한 말로 재삼 설명하여 부모의 마음을 기어이 돌리도록 할 것이오. 또 부모의 마음이 얼마큼 돌려졌거든 차차 우상에게 복을 비는 일이 어리석은 이유를 설명하되 사람은 만물의 영장이거늘 도리어 저보다 낮은 지위에 있는 토목으로 만든 우상에게 절하는 것이 과연 어리석은 일이오. 혹 그 우상이 신령하여 능히 화복을 줄 수 있더라고 신령은 사람같이 정욕이 없거늘 이제 몇 그릇 냄새나는 음식과 몇 원어치 동전 은전을 그 앞에 놓고 태산같이 큰 소원을 이루어달라고 비는 것이 어리석다는 여러 가지 이유로 온화하고 안상하게 설명하여 조금도 화기를 손상하지 않고 시부모를 하나님 앞으로 인도하는 것이 참 지혜롭고 복 받을 만한 며느리라 일컬을지라.

이처럼 믿는 며느리와 믿지 않은 시어머니 사이의 고부간 갈등에 대해 기독교적인 바른 가르침을 주고 있다.
이 외에 부부간 대우에서 여성들이 당하는 억울함을 해결하는 방법에서도 신앙인으로서의 구체적인 삶을 제시하였다.

사람이 몸이 아프면 어머니를 부르고 지원극통至冤極痛한 일을 당하면 하나님을 부르게 되는데 이는 인력으로 못할 일은 저절로 하나님께 부르짖어 이루어주시기를 청함이라. 저 적적한 안방 속에 홀로 앉아 탄식하는 지어미여 생각할지어다. 한숨을 치쉬고 내리쉬고 눈이 붓도록 울어도 내 마음만 상할 뿐이지 무엇에 유익하리오. 차라리 전능하신 하나님 앞에 엎드려 나의 깊은 정곡을 열성으로 아뢰고 또 아뢰어 쉬지 않고 기도함으로 능히 하나님을 감동할 수 있으리니 생각이 있는 자는 힘써 볼지어다. 정녕코 하나님의 응답이 계실터이오.

이렇듯 전통적인 부부 사이에서 억눌려 살고 있던 당시 여성들에게 하나님을 믿는 신앙을 구체적으로 삶 속에서 어떻게 적용하며 살 것인가에 대한 가르침을 주었다. 자녀를 양육하는 방법에서도 먼저 어머니가 경건한 마음으로 하나님을 섬기는 모범을 아이에게 보임으로서, 기회 있을 때마다 하나님이 기뻐하시는 삶에 대해 설명하며, 작은 선행이라도 실천함으로써 의를 좇게 할 것을 강조하였다. 또한 가법을 세우는 방법에서도 가장 중요한 것은 주부가 심덕을 기르는 것인데, 이때 표준으로 삼아 본받을 것은 오직 하나님임을 가르침으로서 삶과 떨어져 있는 신앙이 아니라 삶 속에서 실천하는 신앙인의 삶에 대해 아주 구체적으로 가르치고 있어, 실천하는 신앙인으로서 남궁억의 신앙적인 면모를 엿볼 수 있게 한다.

또한 남궁억은 궁중의 나인들 사이에서 사용했던 한글 궁체를 봉서 나인들에게서 얻어 붓글씨 공부를 했다. 배화학당 교사로 있으면서 여학생들에게 이 한글 궁체를 처음에는 희망하는 학생들에게 과외로 지도하여 오다가 스미스Miss Bertha Smith 교장의 호의와 배려로 1914년

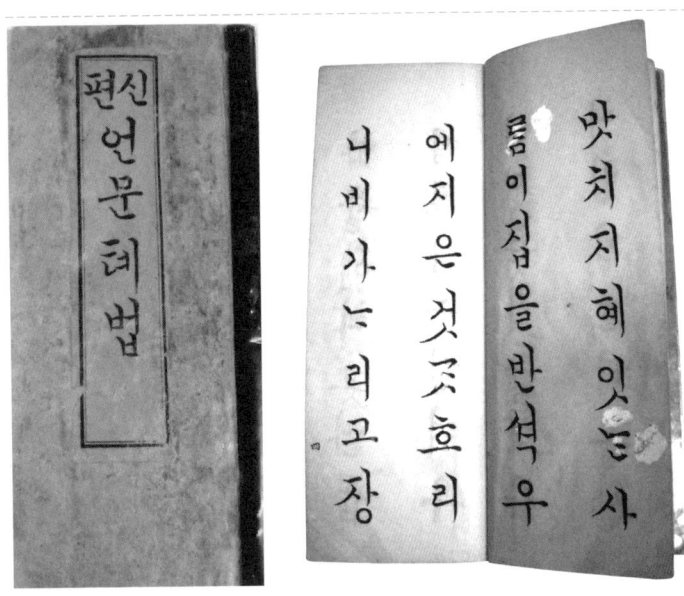

「신편언문체법」

12월 7일 『신편언문체법』을 발행하였다. 총 28페이지로 구성되어 한글 자음과 모음 연습, 그리고 성경 구절을 담고 있다. 이 책은 정식으로 배화학교 교과목에 들어갔으나 일본에 의해 곧 금지되었다. 후에 교사로 부임한 이만규가 학교 지하실 석탄광에 숨겨져 있던 이 책을 발견하면서 세상에 알려지게 되었다. 한문 세대에서 한글 세대로의 변화가 절대적으로 요청되던 때 한글 서예의 교본이라 할 수 있는 이 책은 14전으로, 훗날 이철경李喆卿과 이미경李美卿 같은 한글 서예가를 배출하게 되었다.

배화학당 교사 시절 남궁억은 조선 13도를 무궁화로 수놓은 자수본을 고안하여 무궁화보급운동을 시작하였다. 한반도를 우리나라의 13도를 상징하는 무궁화 13송이와 백두대간을 상징하는 무궁화 가지를 수놓은 것이다. 울릉도와 제주도는 무궁화 꽃잎으로 수놓았다. 남궁억은 가사시간에도 학생들을 가르쳤는데, 이는 국권을 회복하고 독립하는 길이 생활 속의 작은 실천에서부터 이뤄진다고 믿었기 때문이다. 이 무궁화 자수본은 집집마다 벽에 걸고 혹은 선물로 미국이나 하와이 등지로 나가 특별히 부탁을 받아 수를 놓는 일까지 생길 뿐 아니라 전국적으로 유행하여 독립의 의지를 심어주었다. 상황이 이렇게 되자 누런 면 손수건에 태극기를 수놓은 삼동주三同綢와 함께 압수당하여 많이 없어졌고 비밀리에 만들어 주고받았다.

남궁억의 무궁화에 대한 사랑은 곧 나라 사랑이었다. 그가 지은 노래의 가사 중에 무궁화가 들어가지 않은 노래가 거의 없을 만큼 그에게 무궁화는 곧 조국을 의미하고 조선의 독립과 자주를 나타내는 것이었다. 흔히 무궁화에 대해서는 일반적으로 '지저분하다. 진딧물이 많이 낀다'는 등 잘못된 인식을 갖고 있었다. 이러한 무궁화에 대한 잘못된 인식은 일제에 의해 거짓 속설로 만들어진 것으로 사람들로 하여금 무궁화를 돌보지 않도록 하기 위함이었다.

무궁화의 학명은 '히비스커스Hibiscus'로 '히비스'는 이집트 신화에 나오는 미의 여신이며, '커스'는 닮았다는 뜻이다. 중국의 『시경』에도 참으로 예쁜 여자를 가리켜 '순화舜華'라 하는데 이는 '무궁화를 닮았다'는 뜻이다. 이처럼 무궁화는 원래 온몸으로 꽃을 피워내는 놀라운 생명력을 가지고 있다. 한여름 동안 땅의 양분을 하나도 남김없이 섭취하여 자라면 곁가지를 쳐서 나무 모양을 잡아주니 이보다 예쁘고 화려한 꽃

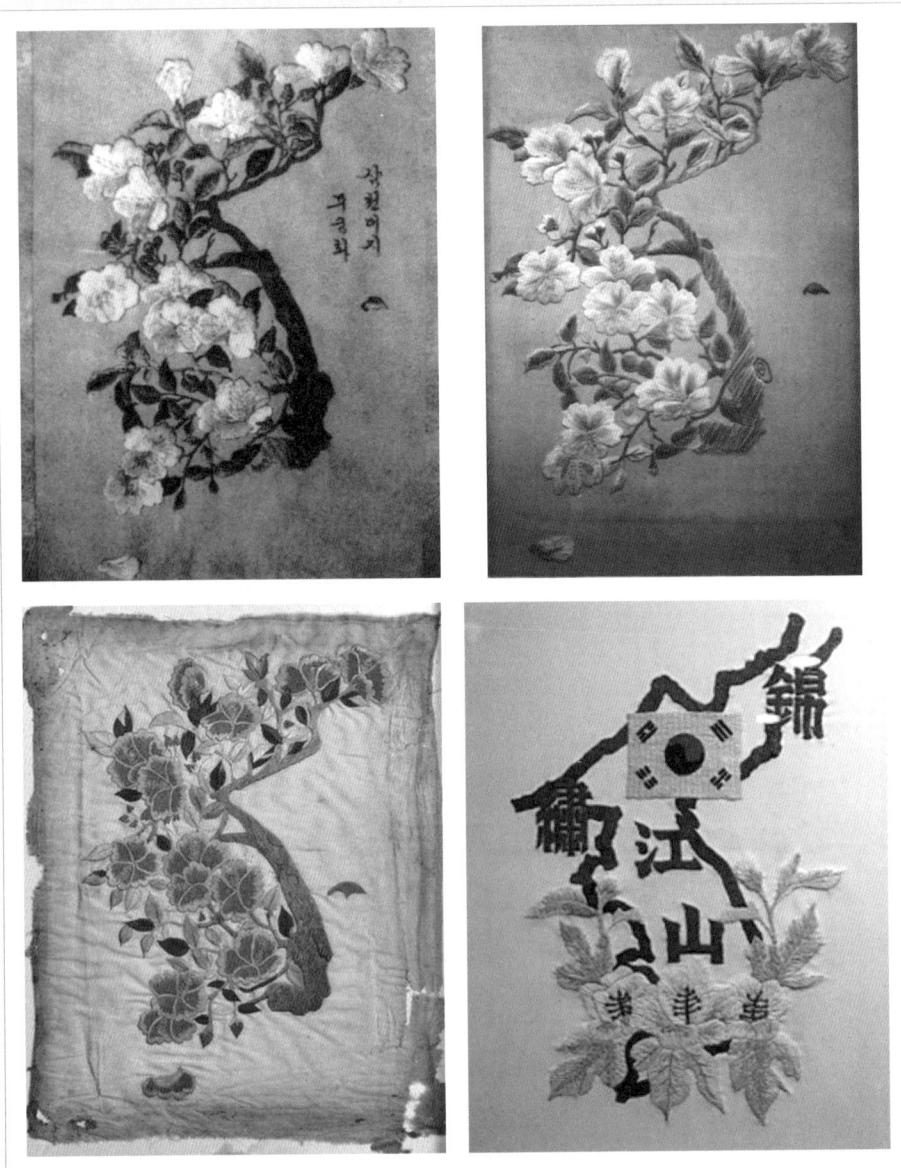

13도를 무궁화로 하나씩 수놓은 무궁화 수본

이 없다고 한다. 이렇게 아름다운 꽃은 7월 중순부터 10월까지 피어난다. "무궁화를 논하지 않고서는 꽃의 아름다움을 말하지 말라"는 말이 있을 정도로 무궁화는 아름다운 꽃이다.

더욱이 무궁화는 잎의 종류에 따라 배달계·단심계·아사달계 등으로 나뉘며 단심은 정신·지조·절개를 의미하고 방사선은 단심선이 불꽃 모양으로 꽃잎 따라 퍼져 나간다고 해서 발전과 번영을 상징한다. 이처럼 무궁화의 특성에서 우리 민족의 끈기와 지조·번영을 찾을 수 있다. 한번 피기 시작하면 석 달 열흘 동안 불볕 같은 더위와 맞서 찬란하게 피어나며, 아침에 피었다가 저녁이면 얼굴을 감춘다. 생명을 다해 땅에 떨어져 지더라도 목련처럼 꽃이 시들어 보기 싫게 낱낱이 지는 것이 아니라 그 빛깔도 생생하고 고운 모습으로 단정하게 생을 마감하는 지조가 있는 꽃이기에 나라 꽃으로 삼았던 것이다.

한편 1914년 2월 배화학당이 장흥동의 구 학당 2층 벽돌집 교사校舍 시절의 일화이다. 졸업반 교실의 여학생들은 토요일 영문법 시간이 되면 으레 몰래 간직한 먹으로 쓴 한국역사 책을 펼쳐놓았다. 순번 차례가 된 학생은 유리창가에 가서 앉아 학당 대문 쪽을 내다보며 드나드는 사람들을 살폈다. 대개 18~19세의 여학생들 사이에 역사 이야기가 한창 무르익어갈 찰나, 망을 보던 학생이 연필로 책상을 톡톡하고 치면 방금까지 책상 위에 놓여있던 역사책은 순식간에 엉덩이 밑으로 들어가고 책상에는 영문법 책과 노트가 펼쳐지게 된다. 노크도 없이 교실 문이 열리면서 갈색과 회색 양복을 입은 낯선 사람들이 들이닥쳤다.

불시에 나타난 손님은 총독부의 세키노關野 학무국장과 한국인 수행원 두 사람이었다. 남궁억은 태연하게 영문을 판서하면서 영어 실력이 좋은 김오재 학생을 지명하여 읽게 하였다. 영어를 읽기 위해 일어설 때는 그 옆 학생이 슬며시 역사책을 깔고 앉았다. 그때 수행원 중 한 사람이 맨 뒤로 오는 것이었다. 평소에 침착성이 없고 덤비길 잘하는 유인희 학생은 역사책을 미처 감추지 못하고 의자 밑에 떨어뜨려서 이것을 두 발로 집어 올려 치마 속에 감추느라 진땀을 빼고 있었다. 손님들이 속히 나가기만을 고대하던 중에 수업을 마치는 종이 울렸다.

세 사람은 아래층 교무실로 내려갔다. 유인희 학생은 그 상황이 너무 분해 책상에 엎드려 왜놈을 욕하며 흐느껴 울었다. 이런 학생을 물끄러미 바라보던 남궁억은 아무 말도 없이 유인희에게 다가가 머리를 쓰다듬으면서 긴 한숨을 내셨다.

"예수님은 원수를 사랑하라 하셨단다. 일본 사람에게 죄가 있는 것이 아니고 우리의 할아버지와 아버지들이 잘못한 것이다."

그는 이 한마디를 하고 학당 마당 느티나무 아래로 나가 버렸다.

이렇게 남궁억이 영문법 시간에 국사교육을 하면서 애국심을 고취시켰기에 배화학당에서는 가끔 학생들이 일본인 교사의 수업을 거부하는 사태도 빚어졌다고 한다. 1914년 4월 어느날, 학생들은 일본인 여교사의 일본어 시간에 수업을 거부하고 애국가의 후렴을 따서 "대한 사람 대한으로 길이 보존하세. 왜국(倭國) 사람 왜국으로 길이 망하세"하고 불러 총독부 학무국에 문제를 일으킨 일까지 있었다.

이처럼 남궁억은 배화학당에서 근대 문명을 흡수하기 위한 방법으로서 영어교육, 민족의식을 고취하기 위한 방법으로서 역사교육, 조선인의 얼을 기리기 위한 한글교육, 한 나라의 기초가 되는 자녀교육을 강조한 가정교육, 서예와 시를 통한 예술교육 등을 하였다. 하지만 이 모든 교육의 바탕은 기독교 신앙이었다. 신앙교육이야말로 그에겐 가장 중요한 일이었다. 그는 인간 구원과 민족 구원의 길을 예수 그리스도의 복음에서 확고하게 찾고자 하였다. 남궁억은 그리스도의 믿음을 통한 회개와 신생의 구원을 강조하지 않을 수 없었고 바로 여기서부터 민족의 독립과 구원이 시작되어야 한다고 본 것이다. 그는 기독교의 핵심을 사랑, 그것도 원수까지 사랑하는 그 철저하고 보편적인 사랑에서 찾았다. 심지어 학생들이 일본 사람을 미워하면 "일본인에게 죄가 있는 것이 아니라 너희 할아버지와 아버지들이 잘못한 것이다"라고 하면서 원수 사랑의 기독교적 신앙 위에서 주체적인 민족 독립의 정신을 세우고자 하였다. 어찌보면 모순인 것처럼 보이지만 이것은 남궁억이 누구보다 기독교 신앙의 근본적 진리를 터득하고 있었음을 보여준다. 즉 남을 미워하는 것이 문제의 해결 방법이 아니라 저들의 불의를 인정하지 않으면서도 주체적인 자각, 즉 우리 자신의 죄를 정확히 파악하고 이를 회개하는 것이 급선무이다. 그리고 우리의 문제점을 해결하기 위해 무엇보다 우리의 능력을 길러 자신과 나라의 독립을 회복하고 원수까지 사랑으로 이겨낼 수 있는 경지에 들어가라고 가르쳤던 것이다. 이렇게 남궁억은 배화학당에서 민족교육을 통해 당시 조선이 필요로 하는 조선의 일꾼을 길러 내고자 노력했다. 남궁억의 이런 마음을 담은 가사이다.

전덕기 목사

「조선의 일꾼」

피도 조선 뼈도 조선 이 피 이 뼈는
살아 조선 죽어 조선 내 것이로다
에야디야 우리는 조선의 자녀
두 팔 뻗고 내닫는 조선의 일꾼

아름다운 우리 조선 삼천리강산
부딪쳐도 아니 깨질 이천만 무리
에야디야 우리는 조선의 일꾼
기뻐 뛰며 일하는 조선의 일꾼

민족운동의 요람 상동청년학원

기독교로서 삶을 실천하며 살던 남궁억은 상동청년학원 활동을 통해 민족운동에도 가담하였다. 일찍이 감리교에는 청년운동의 중심체로서 엡윗청년회가 조직되어 활발한 활동을 벌이고 있었으나 1905년 을사늑약 무효상소운동을 주도하여 교회의 정치 참여를 반대한 스크랜턴 선교사에 의해 해체되었다. 그리고 이를 대신하여 새롭게 조직된 감리교 청년운동 모임이 바로 상동교회 청년들을 중심으로 한 상동청년학원이었다. 이 야학원에는 독립협회 시절부터 민족교육에 심혈을 기울였던 청년들이 모이기 시작하였으며, 그 뜻을 모아 민족운동을 전개하였는데 그 결정체가 신민회였다.

1913년 동경에서 열린 한국과 일본의 YMCA대표자회의에 참석한 남궁억(뒷줄 오른쪽 세 번째)

당시 상동교회를 담임하고 있던 전덕기 목사는 일찍이 대표적인 민족운동가인 서재필·이상재·윤치호·남궁억 등의 지도를 받아 신앙심과 민족정신이 투철한 젊은 청년이었다. 그런 그가 상동교회의 목사로 부임하게 되면서 상동교회는 그야말로 민족운동의 요람 구실을 하게 되었다. 이른바 상동파로 불릴 만큼 이 학교를 중심으로 모여든 독립운동가들은 김구·이동휘·이동녕·이준·노백린·남궁억·신채호·이승훈·이상설·최남선·이상재·양기탁·주시경·윤치호·이회영·이필주·이승만 등이었다.

특히 1911~1912년 사이에 있었던 신민회 사건으로 전덕기 목사가 체포당해 고문으로 더 이상 재기할 수 없는 상황에 이르자, 50세의 나이에도 불구하고 남궁억은 상동청년야학원장을 맡아, 낮에는 배화학당 교사로 야간에는 상동청년야학원에서 당시 젊은 동지들의 정신적·신앙적 지주 역할을 담당하였다.

보리울에서 새로운 삶과 민족운동 06

선향인 홍천 보리울로 귀향

1912년 신민회 사건으로 민족주의자들에 대한 일제의 감시와 탄압은 더욱 심해졌고, 일제의 무단통치 때문에 국내를 기반으로 한 민족운동은 매우 어렵게 되었다. 이에 대부분의 민족운동가는 해외로 나가 독립운동기지를 건설하여 외교적 노력을 통해 항일민족운동을 전개하거나 무장투쟁을 모색하였다. 그나마 국내에 남아있던 사람들은 열악한 상황 속에서 언론과 교육활동을 통해 독립운동을 전개해갔다. 이러한 활동도 사실상 불가능하리만치 그 활동영역이 제한되었고, 서울이나 평양 등 대도시를 중심으로 한 교육운동도 활동범위가 상당히 좁았다.

바로 이와 같은 시대적 상황 속에서 남궁억은 이때가 산골 민중을 일깨워 독립사상과 능력을 길러 낼 절호의 기회라고 생각하였다. 독립은 몇몇 지도자에 의해서 이루어지는 것이 아니라 산골 민중이 깨어야 나라가 산다는 것이 평소 그의 생각이었고 이러한 생각을 몸소 실천하기 위해 선향인 보리울로 낙향을 결심하였다.

당시 남궁억은 배화학당 교사직을 맡고 있으면서 저녁에는 상동청년 야학원장으로 밤낮으로 가리지 않고 교육에 헌신함으로써 심신이 많이 지쳐있었다. 평소 그와 각별한 교분을 나누고 있던 이상재·오세창 등이 그의 쉼을 강권하기도 하여, 1918년 12월 남궁억은 서울생활을 정리하고 보리울로 내려갔다. 1933년 11월 15일 심문조서에서 낙향하게 된 이유에 대해 묻자 그는 이렇게 술회하였다.

"망국의 대부는 자살하는 것이 정당하다. 나는 조선이 멸망함에도 불구하고 경성에 남아 있을 수는 없을 뿐만 아니라 도회지에 있으면 매일 눈에 보이는 것과 귀에 들리는 것이 거의 나의 주의, 사상에 위배되므로 그것보다는 차라리 아무것도 들리지 않는 산간벽지에 와서 숨어 있는 것이 득이라고 생각했기 때문이다."

그는 서울에서 생활하는 동안 나름대로 정치적 야망을 갖고 조직적인 운동도 해보았고, 언론을 통해 여론의 중심에 서보기도 하였다. 그러나 이제 쉰이 넘어 몸도 마음도 지쳐 낙향을 결심하였던 것이다. 이때 지은 것이 「기러기 노래」이다.

　　원산遠山 석양 넘어가고 찬이슬 올 때
　　구름 사이 호젓한 길 짝을 잃고 멀리 가
　　벽공碧空에 높이 한 소리 처량
　　저 포수의 뭇 총대는 너를 둘러 겨냥해

산남 산북 네 집 어디 그 정처 없나
명사십리 강변인가 청초 욱은 호수인가
너 종일 훨훨 애써서 찾되
네 눈앞에 태산준령 희미한 길 만리라

곡간 없이 나는 새도 기를 자 뉜가
하늘 위에 한 분 계셔 네 길 인도하신다
너 낙심 말고 목적지 가라
엄동 후는 양춘陽春이요
고생 후는 락樂이라

만리 장천長天 먼 지방에 뭇 고난 지나
난일화풍暖日和風 편한 곳에 기쁜 생활 끝없다
여기서 먹고 저기서 자며
여러 동무 같이 앉아 갈대 속에 집 좋다

 이 노래는 미국의 유명한 민요 작곡가 포스터S.C. Foster 곡을 고쳐 부른 것으로 사람들 사이에서 '스와니강' 곡에 맞춰 애창되었다. 1~2절에서 건강은 날로 악화되어 가고, 일제의 탄압으로 민족의 앞날은 더욱 아득해지자 시골로 낙향하면서 그가 느꼈을 막막한 심정을 고스란히 담고 있다. 하지만 남궁억은 산중 시골에서 새로운 삶을 경험하게 된다. 마태복음 6장 26절의 말씀처럼 하늘을 헤매는 것 같은 기러기도 하늘 위의

한 분의 인도함을 받는 것처럼. 3~4절에서는 '엄동 후에는 따뜻한 봄이 오며, 고생 후에는 기쁨이 온다'고 '하늘 위에 한 분이 계셔' 우리의 길을 인도할 테니 낙심 말고 목적지를 가라고 크게 낙심하고 있는 이 땅의 백성에게 희망의 메시지를 전하고 있다. 이러한 희망의 근거는 바로 하나님에 대한 믿음을 바탕으로 하고 있었다. 그는 배화학당에 재직했을 때 여학생들과 같이 부르며 눈물지었던 바로 이 노래에 담고 있던 희망과 믿음을 가슴에 꼭꼭 새기며 강원도 첩첩산중을 걷고 또 걸어 선향인 홍천군 서면 모곡 땅 보리울에 정착하였다.

1918년 12월 15일 주일 저녁, 종교교회 오화영 목사는 아쉬움 속에 남궁억의 환송예배를 마련하였다. 독립협회 시절부터 함께 활동했던 윤치호도 남궁억의 낙향을 아쉬워했다. 그러나 윤치호의 표현대로 '교회의 대들보'였던 그의 낙향을 제일 아쉬워한 인물은 종교교회 담임목사 오화영이었다. 그러나 그는 남궁억의 낙향 이후 삶을 위해 축도해 주는 것으로 목회자의 책임을 다하였다.

보리울은 행정구역으로는 강원도 홍천군 서면 모곡리이다. 해방 전까지만 해도 놀미고개·풀무고개라는 적잖이 가파른 고개를 넘어야 했고, 사방이 산으로 둘러싸인 전형적인 한국의 산골 마을이었다. 동쪽으로는 야트막한 유리봉이 있어 보리울의 수호산인 양 마을을 굽어보고 있는 동네였다.

낙향과 함께 남궁억은 새로운 활동을 전개하였다. 당시 모곡리는 미신이 흥하던 곳이었다. 기독교 신자라고는 김영준金永俊뿐이었다. 홍천 지역의 기독교는 일찍이 춘천을 통해 들어왔다. 1897년 10월 조선남감리회선교회가 춘천을 선교대상 지역으로 선정한 후 1902년 이덕수 전도사가 시작하였고, 이어 1908년 9월 남감리회 춘천선교부가 개설된 다음 무스J.R. Moose 목사가 부임하면서 춘천 지역의 감리교 선교는 본격적으로 이루어졌다. 춘천선교부는 강원도의 춘천·홍천·양구·인제·화천 그리고 경기도 가평 등 6개 군을 관장하고 있었는데, 교회가 없는 군이 없었으며 모두 20개 교회를 설립하였다.

그는 숨돌릴 틈도 없이 춘천에 주재하고 있는 선교사에게 전도인을 보내줄 것을 청하는 동시에 즉시 사택에서 학동들을 가르치기 시작하였다. 1919년 9월엔 사재 3,900환을 들여 대지를 매입하고 10칸 짜리 예배당을 지었다(현재 한서기념관 자리). 비용 대부분은 남궁억 개인재산이었고, 10분의 1 정도만 남감리교선교회로부터 보조를 받았다.

당시 마을 사람들은 개화해야 산다며 예배당으로 몰려들어 새로 지은 예배당이 곧 앉을 자리가 부족하여 문밖에 멍석을 펴고 예배를 드리는 지경이었다. 이미 1915년 남감리교 매년회에서 본처전도사로 임명받았던 남궁억이기에 강단에서 설교할 수 있는 자격도 있었다. 서울에서 높은 벼슬을 하다가 내려온 양반이 교회를 한다니까 보리울 사람들도 별로 반대하는 기색이 없이 적극 참여하였다.

한편 이 예배당에서 교사 4명이 근동에 있는 아이들 100여 명을 모아놓고, 공책과 연필을 주면서 4년제 보통학교(1925년에 6년제로 발전) 정도의 학교를 세워 농촌의 청소년 교육에 주력하였다. 이것이 바로 모곡학교이다. 1933년 11월 7일자 심문조서에 따르면 모곡학교를 설립한 목적은 학생들은 물론 아이들의 부형에게 복음을 전하는 것이 목적이었

춘천선교부를 설립한 무스 목사

다. 가능한 한 예수를 믿도록 권유하였지만 강제성은 없었다고 한다. 모곡학교는 학교 겸 교회로 병용하여 1923년 3월에 제1회 졸업생을 배출하였다. 1923년에는 춘천 주재 남감리교 선교사 스톡스M.B.Stokes 목사의 도움과 유지들의 힘을 모아 모곡학교 교실과 기숙사를 건축하였다.

남궁억은 복음을 전하는 일과 교육을 통해 독립정신을 고취시키는 일에 열정을 쏟았다. 예수가 십자가에 달려 돌아가심으로 세계 인류를 구원하신 것처럼 남궁억은 친히 십자가의 삶을 살며, 예수의 발자취를 따라갔다. 그는 예수님의 "내가 너희를 사랑한 것같이 너희도 서로 사랑하라"는 말씀을 실천했다. 그리고 기독교의 사랑 안에서 신분의 차별과 인간의 차별이 있을 수 없다는 생각을 삶에서 몸소 실천하였다.

당시 보리울은 '남궁' 성씨가 대성大姓으로서 신분의 차별이 심했는데도 불구하고 남궁억은 신분이 천한 사람들에게까지 경어를 쓰며 선대하여 한때 물의를 일으키기도 했다. 문중에서는 집안 망신이라고 하면서 반대를 하였으나 선생은 끝내 굽히지 않았다. 선대 때부터 내려오는 하인이 있었는데 그들을 해방하여 이웃에 살게 했다. 부인 양혜덕梁惠德 여사가 세상을 떠났을 때 전에 종살이하던 뭉이의 부인이 머리를 풀려고 하니 그는 호통을 쳤다.

"그게 무슨 소리냐? 그 시대는 이미 지난 것이니 아직도 내 뜻을 받지 못하느냐."

복원된 모곡예배당 전경과 내부

남궁억의 마음에는 모든 사람은 하나님 앞에서 평등하다는 기독교 정신을 몸소 실천하여 사람을 귀히 여기는 마음이 가득하였다. 이처럼 남궁억은 복음을 말로만 전하는 자가 아니라 실생활에서 몸소 실천하며 그리스도의 사랑을 나타내었다.

또한 남궁억은 당시 「주일(모곡)학교가」를 직접 지었다. 이 노래는 '모곡의 노래'라는 명칭을 붙여서 교가를 부를 때는 '주일'을 '모곡'으로 바꾸어 불렀다.

「주일(모곡)학교가」

동막산과 강구비 앞뒤 둘렀고
모곡 구역 모곡리는 우리 집이라
세상 영화 누릴 자는 우리들이며
그 가운데 뜻 붙일 손 주일(모곡)학교라

금동여錦童女야 모여서라 새 동리에서
하나님의 뜻이 있어 입적한 우리
구주님 은혜를 더욱 감사해
천국 낙도 바라보는 십자 동무야

굳거라 너희 믿음 변하지 마라
마음과 뜻을 거룩하게 실행하여서
죽고 살고 화와 복을 상제께 바쳐

천당 배를 타고 가자 우리 동무야

주 예수 흘린 피로 죄 씻음 받고
영생 소망 그대 줄로 기쁨을 삼아
싸워 이겨 저 언덕에 노래 부를 때
퍼지리라 온 세상 하나님 나라

모곡주일학교는 정식으로 모곡학교에 나오지 못하는 아이들을 위한 특별한 장소가 되었다. 성서를 가르치는 동시에 간단한 한문과 산술, 그리고 우리 역사와 영어 같은 과목은 물론 애국 사상을 가르치기도 하였다. 매 주일 교회에 모여 유소년들이 부르던 이 노래는 순수한 신앙을 길러주는 노래이면서 바른 신앙 속에서 나라 사랑의 신념을 확고하게 해주었다.

보리울의 '하모니카 할아버지'

남궁억은 황성신문사 사장 시절부터 시조 가사를 발표했으며, 한일병탄 후에는 나라 잃은 슬픔과 고뇌를 자주 노래로 표현하였다. 그의 가사는 주로 4·4조이며 이것은 당시 민중들의 노랫가락이었다. 당시 한국의 농촌은 더욱더 피폐해져 갔고, 백성들은 부모 형제가 터전을 이루고 살던 고향산천을 등지고 가족들을 이끌고 북간도와 만주 등지로 쫓겨가는 이주민 신세가 되었다. 1929년 『동아일보』 집계에 따르면 한국인의 토지 재산은 줄고, 반면 일본인의 논밭은 늘어났다. 비록 한국인의 소유일지라도 태반은 동양척식주식회사에 저당되어 남한 일대 토지는 거의 일본인의 손아귀에 들어가 있었다. 오랫동안 땅을 근거로 하며 살던 한국인들은 토지를 빼앗기고 소작농으로 전락하였다가 그나마도 여의치 못해 늙은 부모를 고국에 두고 다시 못 만날 것을 슬퍼하며 목놓아 우는 나라 잃은 백성이 되었던 것이다. 바로 이들의 눈물을 담아 부른 노래가 「시절 잃은 나비」였다.

일락日落은 서산에 황혼이 되고
바다와 온 우주는 캄캄하는데
옥토를 떠나서 어디를 향해
정처 없이 어디를 향해 가느냐
애달프다 이천만의 고려 민족아
너희 살길 바이없어 떠나가느냐

젖과 꿀이 흐르는 기름진 땅을
누구를 주고 자꾸만 떠나가느냐
정든 산천 고국을 등에다 두고
애닯은 눈물방울만 연해 뿌리며
두만강 푸른 물결 건너서 가는
백의의 단군 민족 내 말 들어라

무궁화의 화려한 금수강산은
우리들의 소유인 줄 너도 알건만
의식주의 핍박을 바이 못 잊어
주린 배 움켜쥐고서 떠나가느냐
너희의 정경이야 차마 가긍하다
그러나 낙심 말아라 고려 민족아

국운이 기울어 일제의 침략을 당한 한국의 현실을 '일락은 서산에 황혼이 되고 바다와 온 우주는 캄캄하는데'라고 표현하였다. 우리 민족을 '고려 민족아'라 표현한 것은 가까운 역사인 조선은 망국을 불러온 왕조였기에 우리 역사에서 자주적 기세를 펼쳤던 고려민족을 거론한 것이며, 그에 앞서 '백의의 단군민족'이라고 표현하여 우리 역사의 유구함을 강조하고 있다. 이러한 역사를 가진 한국은 결코 망하지 않을 것이니 낙심하지 말고 꾸준히 민족의 긍지를 가지고 싸워 이기자고 격려하였다. 이 노래 또한 유행하다가 1937년 일경에 의해 금지되었다.

주머니 속에 넣고 다니던 조그만 하모니카를 불며 보리울 모곡학교 마당에서 아이들과 함께 웃던 백발노인 남궁억은 아이들에게 '하모니카 할아버지'란 별명을 얻었다. 이런 아이들에게 그는 자기가 만든 노래를 가르치기도 하였는데 동요풍의 「조선의 노래」가 그중 하나이다.

금수의 강산에서 우리 자라고
무궁화 화원에서 꽃피려 하는

배달의 어린 동무 노래 부른다
세상의 부러울 것 무엇이냐?

동천東天에 둥근 홍일紅日 그 빛 찬란코
바다의 어별魚鼈들의 양 떼들 같이
태극기는 창공에 펄펄 날리고
빛나게 잘 살아라 우리의 조선

(후렴) 라리랏다 라라 라리라리라
　　　라리랏다 라라 라리라리라

　이 노래는 어린이들을 위해 작사한 것으로 천진스럽고 희망에 찬 분위기를 갖고 있다. '금수의 강산', '무궁화 화원', '배달의 어린동무'는 식민지 현실임에도 어린이들이 씩씩하고 명랑하게 자라길 바라는 남궁억의 소망을 표현한다. '세상의 부러울 것이 무엇이냐?'라고 하며, 비록 조국의 현실은 상처뿐이지만 그 상처를 보듬어 안으며 내 나라의 기상을 절대로 잃지 않길 바라는 애국심을 담았다. '태극기는 창공에 펄펄 날리고'는 그의 마음 간절히 원하는 것, 태극기가 창공에 펄펄 날리는 그 모습을 그리고 있다. '빛나게 잘 살아라 우리의 조선'이라고 마음 가득 축복을 담아 자라나는 어린이들 가슴에 이것이 담아지길 간절히 바라는 마음을 한껏 표현하였다.
　백발의 남궁억은 유쾌히 마당에서 노는 아이들을 만나면 흰 수염을

휘날리면서 하모니카를 불어 흥을 돋우었다. 이처럼 아이들과 노는 것을 좋아했고 교회 찬양대에도 늘 끼어서 젊은이들과 같이 찬양하였다.

젊은 사람들과 함께하는 시간이 많았던 남궁억은 학생들이나 마을 청년들에게 늘 힘주어 이야기했다.

"자네들 낙심 말게. 나는 못 보아도 자네들은 독립을 꼭 볼 것일세."

그러면서 제자들에게 주체의식이 강한 자립적인 사람으로 자랄 것과 조국의 독립에 확신과 인내를 가지고 인격과 지식을 겸비한 실력 있는 인재로 살 것을 힘주어 강조했다.

입소문에 의해 남궁억의 이름이 전국적으로 알려지자 청년들이 보리울로 몰려들기 시작하였다. 한적하던 시골 마을은 어느새 향학열에 불타는 젊은이들로 북적였고, 날로 증가하는 학생들을 수용할 만한 교사의 마련이 시급해졌다. 그리하여 선교부의 보조 3,000환, 홍천군 일반 민간인의 기부금 2,000환으로 1923년 9월에 약 100평의 새로운 교사와 기숙사를 세웠다. 당시 서면엔 보통학교가 없고 교육기관으로는 한문서당이 몇 개 있을 뿐이었다. 이에 지방 청년들이 새 시대에 맞는 교육을 받을 수 없고, 그로 인해 지방 발전이 더딤을 인식하였다. 남궁억은 이러한 문제점을 개선함과 동시에 학교에 다니는 학생들의 부형에게 기독교를 전도할 목적으로 학교를 설립했다.

각 지방에서 모여든 학생들 가운데는 35세의 나이 많은 학생부터, 댕기 머리를 땋아 내린 애송이 총각들도 있었다. 상투에 초립을 쓴 꼬마 신랑, 번듯이 통량갓을 쓴 20대 어른 학생, 머리를 깎은 7~8세 아이들, 안경에 어색한 양복을 갖춰 입고 제법 서울티를 내는 학생, 내외법이 아직도 남아 있어 드물기는 하지만 8~9세의 어린 소녀들이나 키가 멀쑥한 나이 많은 처녀, 쪽진 부인이 함께 공부하였다. 당시 청년 학생들이 가장 관심을 두고 재미있어 하던 과목은 영어와 한국역사였으며, 한문은 천자문에서 사서삼경을 통독한 학생도 있어 그야말로 나이·성별·지식의 정도를 모두 아우르는 배움터였다.

한편 학생들이 가장 즐겨 부르던 노래 중 하나는 「무궁화동산」이다.

    우리의 웃음은 따뜻한 봄바람
    춘풍을 만난 무궁화동산
    우리의 눈물이 떨어질 때마다
    또다시 소생하는 이천만

    백화가 만발한 무궁화동산에
    미묘히 노래하는 동무야
    백천만 화초가 웃는 것같이
    즐거워하라 우리 이천만

    (후렴) 빛나거라 삼천리 무궁화동산
          잘 살아라 이천만의 고려족

이 노래는 개선가와도 같은 승리의 노래로 불렀다. 아이들이 고무줄 놀이를 하거나 운동시합·행진을 할 때도 이 노래를 불렀으며, 특히 주일학교에서 성적이 제일 좋은 반에 우승기를 줄 때도 이 노래를 불러 학생들의 사기를 돋워주었다. 이 노래는 조선주일학교대회에 나갔을 때 율동과 함께 불러 기립박수를 받기도 하였다.

'춘풍을 만난 무궁화동산'은 어린이들의 웃음이 피는 동산, 곧 무궁화 꽃같이 아름다운 어린이들의 웃음이다. '우리의 눈물이 떨어질 때마다' 이 눈물은 나라 사랑의 눈물이며, 바로 이 눈물이 모이고 모여 삼천만 가슴에 무궁화가 다시 소생할 것을 기대하였다. '빛나거라'와 '잘 살아라' 하며 나라 잃은 조국을 향해 간절한 마음으로 축복을 전하는 남궁억의 마음을 담은 이 노래는 많은 사람에게 위로와 소망이 되었다.

옛날 모곡학교에 다녔다는 김연태는 당시 남궁억이 어떤 교사였는지를 이렇게 기억하고 있다. 그가 4학년이었을 때, 할아버지와 아버지가 전염병으로 일주일 사이에 돌아가시는 우환을 겪게 되었다. 이에 놀란 어머니는 아들이 학교에 가는 것을 말렸다. 독자인 아들마저 전염병으로 어찌 될까 봐 두려웠기 때문이다. 그때 남궁억은 비가 오나 눈이 오나 석 달 열흘 꼭 백 일 동안을 하루도 거르지 않고 집에 찾아와 어머니를 설득했다. 하지만 끝내 어머니는 마음을 돌리지 않고 아들을 학교에 보내지 않았다. 이를 아쉬워하며 김연태는 이야기 하였다.

산간벽촌에 배우기 위해 몰려든 학생들만으로도 힘에 벅찼지만 중도에 배움을 포기해야 하는 어린 학동을 위하여 백 일을 하루같이 찾아와 권하던 선생의 모습은 바로 잃어버린 양을 찾는 목자의 심정이었을 것이다.

이 외에도 여러 노래를 통해 남궁억은 주권을 빼앗긴 한국 땅과 한민족에게 희망과 꿈을 주고자 했다.

「우리의 낙원」

백두산 높이 솟아 펼쳐놓은 삼천리를

양강에 활개 벌려 장파절이 들렀구나

아마도 한라 높은 산이 아마 긴가 하노라

무궁화 얼크러져 사시장철 봄 나라

호미가 가는 곳에 젖과 꿀이 샘 솟거라

묻노라 낙원이 어디뇨 나는 옌가 하노라

「삼천리강산」

산에서는 금이 나고 바다에 고기

들에서 쌀이 나고 면화도 난다

먹고 남고 입고 남고 쓰고도 남을

물건을 낳아주는 삼천리강산

물건을 낳아주는 삼천리강산

「운동가」

잘 참고도 굳세다 철석같은 맘

눈앞에 무슨 고난 못 이길손가

활발코도 활발토다 우리 기상은
오늘날 청년계의 모범일세

철망으로 꽉 눌러 앞길 장애와
두 다리 질끈 동여 닫지 못하네
땅이라도 후벼 파서 나갈 길 열고
두 동무 마주 잡고 빨리 닫세

두 주먹 꽉 쥐고 힘써 다투매
한마당 일등상이 거 뉘 것일까
엎어져도 번쩍 서는 용맹한 네냐
뒤져도 힘 잘 쓰는 굳센 나냐

풍진 속에 땀 흘려 일장 운동에
잃었던 옛 정신을 다시 분발해
훌륭토다 우리 산천 내 흥 돋우고
일심한 우리 동포 의誼 좋도다

(후렴) 덕지체육德智體育 연단하여
      동량지재棟樑之材 이루세
      인도정의人道正義 목적 삼아
      후일 공업功業 이루세

후렴을 이렇게 고쳐 부르기도 함 :
　　　나가세 나가세 앞만 보고 나가세
　　　나가세 나가세 일등상을 얻도록

「용사의 노래」
쾌하다 우리 용사여 장하다 우리 용사여
승전고를 울려라 우승기가 날린다
이기기를 위하여는 우리 생명 검불 같다
바치여라 있는 대로 애낄 것이 무어야
할렐루야 할렐루야 번듯번듯 우승깃발
우리 앞에 날린다 만세 불러라
우리 용사야 승전고를 울려라
우리 고함소리 천지가 동한다

이 노래들에서 남궁억은 비록 일제의 탄압으로 어려운 지경에 빠져 있는 한국 백성이지만, 탄식과 눈물로 설움에 빠져 있을 것이 아니라, 떨치고 일어나 다가올 새 시대에 대한 기쁨과 희망을 갖게 하고자 했다. 남궁억은 강의 중에도 감정이 동하면 노래를 불러 학생들을 감동하게 했고, 집단 행진이나 작업 중에 애국가를 불러 용기를 불러일으켰다. 때로는 호주머니에서 하모니카를 꺼내 연주함으로써 학생들의 피로를 덜어주고 수업의 지루함을 물리쳤다. 젊은이들이 부를 희망찬 노래가 별로 없던 그 시절 하모니카를 신이 나게 연주하는 그의 모습은 보는 이들

남궁억의 친필 족자(한서기념관 소장)

로 하여금 저절로 흥이 나게 했다.

　남궁억이 지어 널리 불렀던 노래들은 100여 곡이나 된다고 한다. 이 노래들은 하나같이 민족의 혼과 미래에 대한 희망과 나라 사랑을 노래한 것들이다. 그 근본 뿌리는 이 나라의 오랜 역사 속에 깊이 잇닿아 있다. 곡은 군가나 오페라 혹은 서양의 민요에서 빌린 것들이 대부분이지만 그 내용만큼 역사적이었다. 외솔회에서 1973년 6월 23일 발행한 『나라사랑 : 한서 남궁억 선생 특집호』에서 흩어져 있던 노래 가사를 찾아 정리하였다. 하지만 곡조는 여전히 알 수 없는 것들이 있다.

　이와 같은 작사 실력 외에도 남궁억은 청아한 목소리로 시조를 즐겨 읊기도 했다.

모곡학교의 운영과 수업 내용

일제강점기 사립학교를 운영하는 것이 쉽지는 않았다. 모곡학교는 150여 명밖에 안 되는 학생에게 수업료를 20전씩 징수하였다. 30환밖에 걷지 못하였고 이것도 내지 못하는 학생들은 면제해주었다. 교장과 교사 3명이 있었다. 당시 수업료는 교사 1명의 봉급을 겨우 줄 수 있을 뿐 나머지는 선교부로부터 받는 보조금과 무궁화·뽕나무 묘포에서 나는 수입으로 충당하거나 그것도 모자라면 남궁억이 직접 친지들에게서 찬조를 받았다. 학교의 기본재산으로 논 100두락이 있어 그나마 받는 도지賭地로 학교의 경상비와 연말 상여금을 충당했다.

　수업 교재는 기존의 것을 그대로 사용하지 않고 쉬운 한자에 한글을

모곡학교 전경

혼용하여 사용했다. 내용은 한국과 관련된 것들을 기준으로 작성하여 가르쳤다. 특히 음악교재는 조선총독부가 편찬한 교과서가 아니라 남궁억이 직접 작사하고 곡을 빌려 오거나 작곡한 것을 사용하였다. 당시 유행하던 창가는 모곡학교에서 만들어진 것이 많았다.

또한 남궁억은 붓글씨에도 취미와 재주가 있어 한 주에 한 번 있는 서예시간 외에도 희망자들을 모아 과외로 가르쳤다. 최현배 선생의 『우리말본』·『중등 조선말본』 책의 제자題字도 그가 직접 쓴 것이다. 체조시간은 주로 끝 시간에 넣어 등산을 하되 오르기 어려운 지점을 같이 오르고 산봉우리에 올라 산하를 내려다보며 심신을 단련시키고 인내력을 길러주었으며, 여름에는 수영을 시켜 체력을 향상시켰다.

〈표 2〉 모곡학교 교과목과 시수표

	제1학년		제2학년		제3학년		제4학년	
	시간	정도	시간	정도	시간	정도	시간	정도
국어	6	한글, 알파벳 주어와 서술어	5	글읽기, 글짓기	4	글읽기, 글짓기, 해석	4	읽기, 글짓기, 감상
산술	4	숫자, 가감	4	가감, 승제	5	분수, 사칙	5	분수, 사칙
역사			1	쉬운 말로 상고시대	2	중고시대, 근세시대	2	복습
지리			1	한국전체도	2	산물, 도시, 명승지	2	도별 풍습건물
이과					2	교육령, 대로	2	교육령, 대로
창가	2	초보	2	창가, 찬송가	1	창가, 감상		작사, 감상
영어					2	알파벳, 주어와 서술어	4	읽기, 영작
체조	1	자세, 전진	1	전신운동	1	국민보건체조	1	철봉, 행진
실업			1	묘포일	1	묘포일	1	묘포일
공작	1	종이 수공	1	흙으로 만들기				
서도	1	한글, 획긋기	1	한글, 한자	1	한글, 궁체	1	한자, 한글
일어	4	초보	4	글읽기, 해석	4	글읽기, 글짓기, 해석	3	읽기, 해석 글짓기
한문	4	천자문	4	동몽선습	2	대학, 논어	2	시전
계	23		25		27		27	

남궁억 선생 칠순잔치 및 한서교회 설립 13주년 기념

실습시간에는 으레 무궁화와 뽕나무 묘포의 작업을 하였으며, 봄이 되면 빈터에 나무를 심고 인근 부락의 교량이 무너지면 '내 마을은 내 손으로'라는 표어를 내세워 학생들에게 직접 도로를 고치도록 하여 봉사정신을 길러주었다. 눈이 많이 오는 날에는 실내에서 새끼꼬기·짚신 삼기·가마니 짜기 등을 하도록 하여 근면성을 배우도록 하였다. 학교 조회시간에는 남궁억을 비롯하여 교원들이 돌아가며 훈시를 하였고, 기도하고 찬미가를 부르거나 성서를 들려주기도 하였다.

특히 역사 시간엔 주로 한국역사를 가르쳤다. 조선총독부로부터 한국사교육 금지 방침이 내려오자 국어 보충 교재로서 한국역사를 비밀리에 가르쳤다.

    모곡학교는 1932년 11월에 학교 창립 13주년을 맞이하여 기념사업으로 교원 신찬식申贊植이 발기하고 각 부형이 후원회를 조직하여 기부금을 모아 학생들의 작품전람회를 열기도 하였다. 당시 기부금은 4,500원이 모였다. 때마침 이해는 남궁억이 70세가 되는 해여서 칠순 축하도 함께 하였다. 지방 유지들이 축하하는 의미로 태극기를 그려 넣은 거울을 선물했다. 남궁억은 평소 태극기를 숭배함으로 이 거울을 방안에 걸어두었다.

「삼천리 반도 금수강산」

「삼천리 반도 금수강산」

삼천리 반도 금수강산 / 하나님 주신 동산

삼천리 반도 금수강산 / 하나님 주신 동산

이 동산에 할 일 많아 / 사방에 일꾼을 부르네

곧 이날에 일 가려고 / 누구가 대답을 할까

삼천리 반도 금수강산 / 하나님 주신 동산

삼천리 반도 금수강산 / 하나님 주신 동산

봄 돌아와 밭 갈 때니 / 사방에 일꾼을 부르네

곧 이 날에 일 가려고 / 누구가 대답을 할까

삼천리 반도 금수강산 / 하나님 주신 동산
삼천리 반도 금수강산 / 하나님 주신 동산
곡식 익어 거둘 때니 / 사방에 일꾼을 부르네
곧 이날에 일 가려고 / 누구가 대답을 할까

(후렴) 일하러 가세 일하러 가 / 삼천리 강산 위해
하나님 명령받았으니 / 반도강산에 일하러 가세

1922년 가을 어느 날, 자리에 누웠던 남궁억의 머릿속에는 보리울의 아름다운 산천과 꾸밈없이 뛰놀던 아이들의 모습으로 가득했다. 어찌하여 우리는 이토록 아름다운 금수강산을 일본인들에게 짓밟히고 죄 없는 어린아이들까지 식민지 백성의 설움을 안고 살아가게 되었을까 생각하며 한숨을 내쉬었다. 한시라도 빨리 나라를 되찾아 우리의 아이들이 맑고 밝은 모습으로 삼천리 금수강산의 광복된 나라에서 마음껏 뛰놀며 살 수 있도록 해야겠다는 결심과 다짐으로 잠을 이루지 못하였다.

자리에서 일어난 남궁억은 신약성경 마태복음 9장 37~38절의 말씀을 읽어 내려갔다.

이에 제자들에게 이르시되 추수할 것은 많되 일군은 적으니 그러므로 추수하는 주인에게 청하여 추수할 일군들을 보내어 주소서 하라 하시니라.

남궁억은 말씀을 묵상하며 두 무릎을 꿇어 기도를 올렸다.

주여! 나이 환갑이 넘은 기물棄物이오나 이 민족을 위해 바치오니 받으시고 젊어서 가졌던 애국심을 아무리 혹독한 왜정 아래 일지라도 변절하지 않고 육肉으로 영靈을 감당할 수 있는 힘을 주옵소서.

그리곤 간절한 마음으로 가사를 쓰기 시작하였다. 이 노래가 바로 「일하러 가세」이다. 1922년 9월에 지은 이 노래는 1928년 합동찬송가에 수록되어 순식간에 많은 이들 사이에서 불렸으며, 지금도 통일찬송가 371장에 「삼천리 반도 금수강산」으로 실려 있다. 2절의 '하나님 주신 동산'은 우주 만물을 주재하는 역사의 하나님을 믿음으로 고백하며, 일제가 비록 우리 강산을 빼앗았으나 이는 하나님 역사의 순리를 역행하는 것으로 하나님이 언젠가는 이 나라 이 민족에게 금수강산을 되돌려 주실 것이라는 강한 믿음을 사람들에게 심어 주며 위로와 격려를 보냈다. '봄 돌아와 밭 갈 때니'와 '곡식 익어 거둘 때니'라는 가사는 곧 머지않아 조국이 독립될 터이니 인내심을 가지고 봄·가을의 농부처럼 부지런히 독립운동에 매진할 것을 독려하였다.

그러나 이 노래는 1937년 남궁억이 지은 모든 노래와 함께 금지곡이 되었다. 즉 1937년 3월 원산경찰서의 한국인 형사 한 사람이 찬송가에 실려 있는 가사 중에 애국심을 담고 있는 문구가 하나라도 있으면 빨간 줄을 그어 일본인 상관에게 일러바쳐서 부르지 못하게 하였다. 그 첫 번째가 이 노래였다. 하지만 이미 찬송가를 통해 활자화되었으므로 많은 사람의 입에서 입으로 전해졌다. 이 노래를 남궁억이 하모니카로 부르면 모든 학생은 한목소리로 따라 부르며, 당장에라도 독립의 날이 도래하여

『신정찬송가』 219장(1931년)

밝은 신천지가 눈앞에 펼쳐질 것 같은 희망을 품게 해주었다.

    일제는 보통학교 교과서에서 우리나라 지도를 누에가 뽕잎을 갉아먹는 모양으로 그려 한국을 점진적으로 침략해 들어가려는 일제의 야망을 표현하였다. 이에 대해 남궁억은 한국 지도를 맹호가 뒷발로 만주벌판을 내차면서 앞발을 들어 일본 열도를 내리치는 그림을 연상케 하는 「조선지리가」를 지어 불렀다.

    북편에 백두산과 두만강으로
    남편에 제주도 한라산까지
    동편에 강원도 울릉도로

서편에 황해도 장산곶까지
우리 우리 조선에 아름다움을
맹호로 표시하니 십삼도로다

사천년 역사로 이어온 배달
거룩한 단군이 비로소시사
삼천리 반도로 우리집 삼고
이천만 동포로 한 집안 이뤄
우리 우리 조선의 광채로움을
문화의 도덕으로 빛내었도다

산 높고 물 맑은 무궁화동산
아름다운 경개로 장식하였고
기후 좋고 기름지며 교통이 편해
세계에 자랑이 조선반도라
우리 우리 조선의 유명하옴을
경개와 산물로 자랑하노라

우리를 낳고 기른 반도 강산아
네 길이 복 받고 무궁하여라
삼각산의 암석이 다 부서지고
양양한 한강물이 다 마르도록

우리 우리 조선의 아름다움을
일월로 한가지로 짝하리로다

일본을 향해 있는 그림에서 입을 벌린 호랑이 머리가 부산이고 앞발이 여수와 목포요, 진남포와 백두산이 뒷발이 되어 당장에라도 뒷발에 힘을 주어 달리듯이 꼬리를 편 것이 청진과 나진이었다. 그리고 동해안은 함흥, 원산 강원도가 호랑이의 등골이 되게 그렸던 것이다. 그리고 호랑이 지도를 그려 성탄절과 같은 행사 때 교회 강단에 걸어놓고 아동들에게 한 사람씩 나와서 색칠을 하도록 함으로써 반드시 독립할 것을 가르쳤다. 이것이 일본인의 비위를 거슬러서 이 노래와 그림도 곧 금지되었다.

국혼웅비도

1절에서는 한반도의 남북과 동서, 그리고 13도를 맹호로 표시하였음을 나타내었고, 2절에서는 단군시조와 우리 문화를 자랑하였다. 3절에선 기후의 좋음과 기름진 땅과 경치와 산물을 자랑하였고, 4절에서는 삼천리 강산이 하나님의 축복으로 영원한 것처럼 우리 민족도 영원함을 내용으로 담았다.

07 역사저술과 역사교육, 민족교육

『동사략』으로 역사를 가르치다

3·1운동을 계기로 일제는 한일병탄 이후 실시해오던 자신들의 식민통치 방향을 '무단통치'에서 '문화통치'로 바꾸었다. 제2대 총독으로 부임해온 사이토는 기만적인 '문화통치'를 통해 동화정책을 실시하여 「조선교육령」을 개정하여 배움의 과정에 있는 한국 학생들을 일본인화시키는 교육을 해나갔다. 그리고 한국의 역사와 지리를 교과목에서 제외했다. 당시 한국 역사와 지리를 가르치는 경우는 학교장을 문책하였기에 대부분 학교에서는 이를 금지하도록 교육방침을 펼쳤다. 일부 사립학교에서는 일본인들의 눈을 피해 가며 숨어서 가르치는 교사들이 있었다. 배화학당 교사 시절에 영어 시간에 몰래 한국역사를 가르쳤던 남궁억은 보리울에서도 한국역사를 비밀리에 가르쳤다. 그런 중에 1922년에 집필을 시작하여 62세가 되던 1924년 겨울에 역사책 『동사략』 전 4권을 완성하였다.

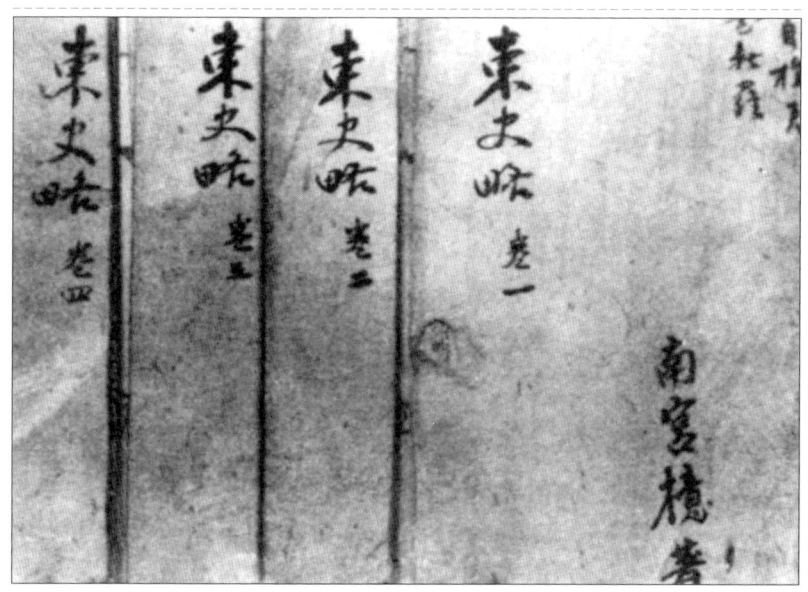

「동사략」

　정확히 남궁억이 언제부터 무슨 계기로 역사에 관심을 갖게 되었는지 그리고 어디서 어떻게 공부를 했는지에 대해 알 수 있는 자료는 없다. 다만 토목국장으로 있던 시절에 이미 흥화학교에서 역사를 가르쳤던 것으로 보아 젊어서부터 역사에 남다른 관심이 있었던 것 같다. 그래서 1939년 그가 소천하였을 때『동아일보』에서는 "남궁억 선생은 조선의 역사를 그대로 말할 수 있는 귀중한 분"이라고 평가하였다.

　일찍이 류달영 선생도 말한 것처럼 남궁억의 저서는 양적인 면에서도 많지 않고, 내용적인 면에서도 전문가의 입장에서 볼 때 깊이 학문적으로 고증된 것들이라고 보기는 어렵지만 나라 잃은 민족, 특히 청소년들의 가슴 속에 민족혼을 심고 가꾸어 조국 광복의 터전을 만들고자 하였던 그의 마음만은 충분히 읽을 수 있다. 이와 같은 남궁억의 민족정신 함양은 그의 중심사상이 조국의 독립에 있었던 만큼 그는 국사교육에 무관심할 수 없었다. 따라서 노구임에도 역사저술을 남겨야만 했던 이유도 여기에서 찾아진다.

남궁억이 역사책을 집필하게 된 동기는 그의 심문조서에도 잘 나타나 있다.

"왜 그런 불온한 역사를 팔았는가."

"내가 서울에 있을 때에는 시골의 실상을 잘 몰랐었다. 그런데 현주지로 와서 보니 실로 불쌍한 사람은 조선민족이란 것을 자각하게 되었다. 첫째로 세계에서 중국을 웃음거리처럼 취급하지만 중국은 점점 발전해 가고 있다. 그런데 조선은 아직 꿈속에서 헤매고 있는 것처럼 조선의 정신을 모르고, 다만 막연히 그날그날 입에 풀칠하는 방책만 얻으면 그것으로 만족한 것처럼 생각하고 있으니 그것을 볼 때에 나는 아메리카나 프랑스처럼 전연 관계가 없는 나라의 사람이라면 굳이 그런 것도 생각하지 않을 것이나 같은 인종이며 더구나 같은 민족이면서 무관심하게 있으니 그것을 보고 가만히 있을 수는 없었다. 어떤 방법을 취해서 조금이라도 조선민족은 이렇게 언제까지나 꿈을 깨지 않고 있을 시기가 아니라는 것을 말로라도 하지 않으면 안 된다는 것을 통절하게 느꼈던 것이다. 그 뿐만 아니라 현재의 조선민족은 우리나라의 고유한 훌륭한 정신을 모르고, 지금의 중국을 대국이라 하고 있으니 그것을 들을 때에는 실로 불쌍한 생각이 든다. 그래서 이 정신을 타파하고 조선이란 나라는 이렇게 훌륭한 고유 역사가 있으므로 함부로 모화주의, 이른바 중국을 대국이라 한다든지, 다른 나라를 선망해 보든지 하고 있으므로 그런 생각을 고치도록 하기 위해서 조선역사를 발행했다."

즉 세계는 변하고 있는데 우리 한국 사람들은 여전히 중국을 대국으로 생각하는 모화주의 사상을 가지고, 다른 서구 열강들을 부러워만 하고 있는 것을 보고, 남궁억은 우리에게도 훌륭한 고유의 역사가 있음을 한국인들에게 알려주기 위해서 역사를 집필한 것이다.

전 4권인 『동사략』은 836페이지로 인찰지印札紙에 모필로 기록한 미간본이며, 그 제자 김우종이 36부를 필사하여 전국 유지에게 비밀리에 배부하였다. 그러나 현재 그 완본은 구하기가 어렵고, 김우종이 소장하고 있다가 선생의 전기인 『불굴의 얼』에 기록하였다. 제1권은 단군 조선 건국에서 신라말까지, 제2권은 고려 초에서 여말 공양왕 대까지, 제3권은 조선 건국에서 철종까지, 제4권은 철종부터 조선 대군주로 대한제국 융희황제까지였고, 부기로 3·1운동의 참상을 담고 있다. 남궁억은 『동사략』을 저술하면서 그 취지와 정신을 책머리의 범례에 담았다.

범례 초抄

② …… 신라 중엽 이래로 모화주의가 하도 팽창하여 그 수입된 허문욕례虛文縟禮가 너무 사람의 대의정도大義正道를 마멸磨滅하므로 고사古事 중에 이러한 사건은 모두 산거刪去함.

③ 본서의 목적은 번다한 기사보다 권선징악이 더욱 중하므로 이 양의兩

義의 사건은 그렇고 그 시말始末의 명세明細를 증저證著하고자 함.

⑤ 고래로 한문이 우리 국어가 아니므로 칭제 칭왕의 분별이 명확하지 않고 …… 수변數變하여 거서간이니 차차웅이니 이사금이니 마립간 등인데, 이조 조선의 한학자인 권근·서거정은 이를 다 왕이라 하였으니 본서에는 김부식의 서례書例에 의하여 ……

즉 사대주의나 모화적인 것을 될 수 있는 대로 뽑아버리고, 지엽적이고 잡다한 기록도 생략하면서 정의와 애국에 관한 사건의 시말을 밝히기에 힘썼다. 자주적·주체적인 역사인식을 확립하고 권선징악의 윤리적 인간상을 역사적 인물을 통하여 조명함으로써 당시 국가가 요구하는 민족 지도자상을 정립하였다. 고유의 왕호를 사용함으로써 자주적이고 주체적 입장에서 역사를 쓰려고 노력하였다.

『조선니약이』와 자주적 역사의식

『동사략』을 집필한 지 5년 후인 1929년 4월에 남궁억은 인찰지 1,290페이지 분량의 또 하나의 역사책 『조선朝鮮니약이』 전 5권을 내놓았다. 이 책은 "『동사략』을 쉽게 풀어써서 청소년들이 이해할 수 있게 편찬한 것, 성인용 『동사략』을 어린이용으로 쉽게 풀어쓴 것"이라고 하였다. 하지만 딱딱한 문체에 어려운 한자가 많고, 분량 등으로 볼 때 아동을 가르치는 교사들을 위한 역사책이라고 봐야 할 것이다.

『조선니약이』는 "옛날부터 인물을 들어서 그 인물에 대한 선악을 말하고 따라서 조선민족에게 그런 사람도 있었으니 좋은 것은 배우고 나쁜 것은 버리지 않으면 안 된다는 것을 가르쳤었다"고 밝히고 있어, 인물 위주의 역사책임을 알 수 있다. 즉 옛날 사대주의 역사가들에 의하여 잘못 이루어진 민족의 바탕과 정신을 바로 세워서 자주독립 정신을 키워주려는 것이 저술의 목적이었다. 남궁억은 이 책에서도 우리의 역사가 중국과 대등함을 말하고 우리 민족의 우수성과 주체성, 그리고 독자성을 강조하여 학생들에게 국사에 대한 흥미를 갖게 하여 민족 주체의식의 정신을 확립시켜 일제로부터 독립을 쟁취하고자 하였다.

이 책은 당시 모곡학교의 교사였던 이기섭·김복동·남궁현 등으로 하여금 20여 부를 복사하게 하여 1부당 11원에 지방의 인사들과 제자들에게 비밀리에 배부하였다. 이 책의 자서自序에는 집필 동기와 문체에 대해 밝히고 있다.

> 삼가 상고하건대, 우리나라의 서책이 일찍이 중국 요임금 때와 시대를 나란히 하여 옛일을 고찰하면 그 바탕이 끊어짐 없이 계속되어 보잘것 없이 스러지는 한탄을 능히 면하더니, 우리 조선에 이르러서는 임금들이 유교를 숭상하고 배움을 장려하신 효과로 왕조와 나라의 역사적 기록이 엄청난 양이니 눈에 보이는 그 공적은 참 성대하도다.
> 그러나 일대 유감인 것은 그 역사가로 저명한 김부식金富軾·권근權近·서거정徐居正의 무리가 중국의 것을 따르는 데 치우쳐 그 기록한 사실로 논하는 바의 뜻과 취지를 보건대, 자국은 오랑캐로 자처하고 중국을 복종하여 옛날부터 지금까지 우리 단군족의 고유한 재기와 성격의 웅장하고

깨끗함은 말살하여 떨치지 못하게 하니, 오호 슬프도다.

그런즉 우리나라의 교편을 잡는 우리들의 의무는 어떠해야 할까. 부득이 생각하여 이제 조선이야기라는 동화 일편을 편찬하오니 그 편찬에는 세 가지 이유가 있는데

① 단군족의 고유한 자질을 수복하고자 함이오.
② 옛사람들의 중국 모화주의를 타개하고자 함이오.
③ 배우는 아이들의 자국 역사적 취미를 흥기하고자 함이라.

대개 이 찬술은 각국의 일반적 기준에 의하여 인물을 네 부분으로 구분하였으니 (1) 군왕부 (2) 정치부 (3) 문예부 (4) 절의부라. 만약 그 연대를 추측하여 보려면 첫머리에 연표가 있거니와 대저 옛 역사는 사실 기록이 매우 간단하여 보는 이의 취미를 일으키기 어렵고, 만일 근세의 동화체를 순수하게 사용하여 말뜻이 번잡하면 옛 역사의 실제 모습을 잃을까 염려되므로 절충하여 기술하오니, 바라건대 뜻있는 군자들은 헤아려 사용하시오.

남궁억은 역사서술의 기본 태도를 첫째, 우리의 고전은 요임금과 같은 시기에 이미 자주적 입장에서 저술되고 많은 사적이 보존되어 왔음을 지적하여 문화민족으로서 자부심을 보여주었다. 둘째, 모화주의적 사가들에 의해 왜곡된 역사서술 탓으로 민족사의 자주성, 민족의식이 퇴색되어 갔음을 신랄히 비판하였다. 셋째, 올바른 민족사를 학생들에게 교육함이 우리의 의무라 하여 국사교육의 중요성과 이를 통한 국가관의 확립을 강조하였다. 즉 『동사략』의 경우와 마찬가지로 선인들의

잘못된 모화주의를 일깨워 자주정신을 고취하고, 한민족은 무능하다는 일제의 식민사관에 맞서 우리 민족의 자주 역량을 아동들에게 심어주고자 위인을 중심으로 『조선니약이』 전 5권을 지은 것이다.

당시 이 책을 출판하지 않은 이유에 대해서는 "그 역사에 3·1운동의 기사 등 재미없는 것이 많이 있었으므로 정식으로 허가를 얻을 수 없다고 생각하여 복사하게 되었다"고 하고 또 "등사하기 전에 고향의 경찰관 주재소에서 출판에 관해 물었고, 또 경성의 책방에도 물어보았더니 등사판 인쇄도 출판법에 저촉된다고 해서 복사지로 썼다"고도 하였다.

『조선니약이』 권1의 '동국역대연혁고'를 보면 첫째, 국명란에 우리나라 최초의 국가인 단군조선을 기록하여 우리 역사가 중국과 같이 유구하였음을 교육하여 민족적 긍지와 자부심을 갖도록 서술하였다. 둘째, 한사군의 설치로 우리의 영토가 한때 외세에 의해 상실되었으나 조상들의 꾸준한 항쟁으로 마침내 한사군을 몰아낸 것을 기록하여 국가를 수호하려는 우리 민족의 활동을 기술하였다.

『조선니약이』의 체제와 내용은 〈표 3〉과 같다

목차를 보면 군왕부는 71명을 선정하였으며, 정치부는 138명, 문예부는 37명, 절의부는 44명으로 총 290명을 전기적으로 기술하였다. 남궁억이 인물사 중심의 역사 기술을 한 것은 대한제국기 학부에서 편찬한 교과서나 민족주의 사학자들의 영웅 중심적 사관에 기초한다. 기울어가는 국운을 살리기 위해 위대한 역사적 인물을 강조하며, 그들의 전기를 서술하였던 풍토와 그 맥을 같이 한 것이다. 남궁억의 교육목표가 민족지도자상의 양성에 있었음을 생각할 때 이것은 당연하였다. 역사

〈표 3〉 『조선니약이』 체제와 내용

권1 박혁거세~ 발해왕	군왕부	박혁거세/고주몽/유리왕/부여온조/호동/유리니사금/ 수로왕/석탈해니사금/내물니사금/광개토왕/ 소지마립간/탐라국왕/영오·세오/신라법흥왕/진흥왕/ 선덕여왕/김춘추/발해왕	19명
	정치부	을두지/명임답부/밀우·뉴유/김후직/이사부/온달/ 을지문덕/개소문·양만춘/김유신·김원술/성충	13명
	문예부	왕인/백결선생/우륵·왕산악·왕보고/솔거/구진산/ 설총/김암/김생/최치원	11명
	절의부	박제상/도미부인/인관·서조/설씨녀/비령자·거진·합절/ 손순/지은	10명
권2 고려 태조~ 공양왕	군왕부	왕건태조/왕후류씨/성종/목종/현종/덕종/정종/문종/ 헌종/숙종/예종/인종/의종/명종/희종/고종/원종/ 충렬왕/충선왕/충숙왕/충혜왕/충목왕/충정왕/공민왕/ 왕우/공양왕	26명
	정치부	배현경/신숭겸/유검필/왕식렴/서필·서희·서눌/ 지채문/양규·정성·김숙흥/하공진/강감찬/왕가도/ 윤관/김황원/김부식/현덕수/두경승/경대승/김취려/ 조충/박○/김방경/주열/허공/홍자번/김이/이조년/ 이제현/이존오/이공수/이보림	33명
	문예부	쌍기/최지경/최언휘·최광윤·최원/박원작/이녕/ 오윤부/안향/우탁	10명
	절의부	최루백/유응규/서릉/김천/황수/이성/이색/정몽주/ 최영/우현보/이숭인/김주/길재/조견/원천석	15명
권3 조선 태조~ 연산왕	군왕부	태조/정종/태종/세종/문종/단종/세조/예종/성종/ 연산주	10명
	정치부	조준/정도전/심덕부/조인옥/조반/설장수/성석린/ 남재/민제/하륜/류광현/박은/유관/이래/함부림/황선/ 맹사성/허조/노한/최윤덕/신개/하연/박안신/윤회/ 남지/하경복/정인지/한확/어효첨/신석조/황수신/ 신숙주/권견/한명회/김수온/홍일동/홍윤성/이양생/ 허종/손순효/윤효손/성현/박영/	43명
	문예부	권근/박연/서거정/김종직/김일손/정여창/이원/	7명
	절의부	황보인/김종서/정분/박팽년/성삼문/이개/하위지/ 유성원/유응부/김시습/남효온/권절/원호/이맹전/ 조상흡/조려/성담수/기건/엄오도	19명

권4 조선 중종~ 철종	군왕부	중종/인종/명종/선조/광해주/인조/효종/현종/숙종/ 경종/영종/정종/순조/헌종/철종	15명
	정치부	박원종/성희안/정광필/신용개/안당/조광조/김정/ 김식/한충/기준/이장곤/김안국/유관/유인숙/이연경/ 송희규/임형수/백인걸/상진/이윤경/이준민/변협/ 유성룡/이산보/김성일/이순신/이원익/이덕형/이항복/ 윤두수/조헌/황진/박진/서소/황신/신흠/오윤겸/ 이정구/김류/이귀/홍서봉/유형/정충신/구천군/ 김응하/임경업/최명길/김육/이황	49명
	문예부	최재성/최경덕/조식/정려/이지함/양사언/이이/성혼/ 김장생	9명
권5 대원군~ 대한제국	군왕부	대군주	
		3·1운동기	

상에 나타난 위대한 군왕이나 정치가·애국지사·학자들의 업적을 통해 청소년 학생들에게 역사의식·민족정신을 넣어주려는데 역사교육의 목표가 있었다. 박은식도 "급박한 국가적 위난을 극복하기 위해서는 과거의 영웅은 숭배할 만하고 현재도 영웅을 갈망한다"하여 영웅의 출현이 시급함을 강조하였다. 이처럼 남궁억 또한 한말 역사학자들의 영웅 중심사관을 크게 벗어나지 못하고 있었음을 알 수 있다.

한편 『조선니야이』에서 특색 있는 부분은 '절의부'이다. 권1 절의부에는 효자·효녀·열부들이 들어있지만 권2~3에 실린 인물은 주로 왕조나 군주에 대해 끝까지 절개를 지킨 충신들이므로 역사적 인물들을 통해 국가에 대한 충성심을 강조하였다. 문예부에선 문학과 예술에 뛰어났던 인물들을 기술하여 우리 민족의 뛰어난 예술성을 일깨워 주고자

三一運動記

檀君朝鮮 四二百五十二年 己未 (日本 大正 八年 西曆一九一九年 三月 一日)에 朝鮮에 未曾有의 大示威運動

이 起하야 朝鮮의 獨立基礎가 特別한 五世萬에 一着의 警鐘을 是日에 數千萬의 朝鮮人

鄕土가 京城市街에 集會하야 獨立萬歲를 부르것을 上年十一月 二日에 崩逝하신 李太皇陛下의 國

葬前 二日에 發하니 國葬의 皇帝陛下의 崩御는 是時에 擧國이 哀慟하고 鳶戴者의 市街에

奔走하니 卽 庚申日을 當하야 皇帝儀를 大規模로 擧行하며 地方各處로의 群集

窓의 옷이 襤褸한 民衆과 旅館이 狼藉하고 永歎의 族旗를 高揭하되 大七萬 以上

의 學徒兒童을 是眼에 挂하고 邊하니 德壽宮側에 集히의 全

閣 書記絡繹하야 是日 未明에 警聲 門墻壁上에 掲하야 五

旦. 西南城門大路를 徹하야 有人이 通告文을 衆中에 亂投하니 太文의 概日 끗건 利敵

에 見會或 逆成 以 皇帝陛下를 弑逆하니 一張 令文이 署名捺印 또 努力 謹奴

엿건 逆臣의 所行

하였다. 권5에서는 이미 죽은 고종을 '대군주'라고 표현하고 있어 대한제국기 애국계몽운동의 일환으로 나온 위인전류인『이순신전』·『강감찬전』·『을지문덕전』등 외적을 물리친 전공을 남긴 장군들의 이야기와는 차이가 있다. 그리고 전체적으로는 대원군 집정으로부터 조선이 일본에 병탄될 때까지 상황과 우리 민족의 항일투쟁을 상세히 기록하고 있으며, 전체 분량의 약 3분의 1에 걸쳐 3·1운동기를 부기하고 있다.

특히 권5에서는 군왕부만 기술하여 고종에서 순종까지 상단에는 소제목을 적고 그 아래에 편년체 서술로 사건의 개요을 적고 있다. 여기서 남궁억은 대원군 집정에서 한일병탄까지 국내외의 정세와 민족사의 수난, 그리고 민족의 자주독립·개화자강의 근대사를 편년체 서술로 상세히 기록하였다.『조선니약이』권5는 1945년 8월 류달영이 개성에서『조선최근사』라는 이름으로 편집·간행하였다.

한편『동사략』에서와 마찬가지로『조선니약이』에서도 3·1운동을 많은 분량에 걸쳐 구체적으로 기술하였다. 이는 민족의 의거를 분명히 알게 하고 민족의 독립은 반드시 이루어져야 한다는 당위성과 동시에 용기를 북돋아 주고자 함이었다. 하지만 막상 3·1운동이 일어났을 당시 남궁억의 행적은 특별한 것이 보이지 않는다. 윌슨의 민족자결주의가 발표되고 이를 기점으로 도쿄에서 2·8독립선언과 서울에서 3·1운동이 발발하여 1919년 한반도 전역에서는 일제의 탄압에 항거하는 만세소리가 울려 퍼졌을 때, 남궁억은 심산유곡 보리울에서 병중에 이 소식을 늦게 전해 들어 별다른 구체적인 활동은 보이지 않는다. 훗날 취조하는 과정에서 3·1운동 때 어떤 일을 했는가 하는 질문에 남궁억은 이

모곡학교 3·1만세운동

렇게 진술하였다.

"그 당시에 나는 그 운동의 선봉이 되어 참가했을 것인데, 때마침 신병으로 누워있었기 때문에 참가할 수 없었다."

참가할 의사가 있었느냐는 취조관의 심문에 단호하게 말했다.

"무엇보다도 나와 같은 민족주의자로서는 절호의 시기였으므로 당연히 참가했을 것인데 신병으로 참가하지 못함이 사뭇 유감으로 생각한다."

남궁억은 병중이었음에도 동민을 모아놓고 3·1운동은 일본정치에 불복하고 독립사상을 불러 일으키기 위하여 일어났다고 하며 3·1운동의 근본 원인을 열두 가지로 들어 일제 통치의 부당함을 강조하였다.

① 한국인의 독립사상

② 무단정치의 가혹

③ 한국인을 일본 국적에서 축출逐出하고자 함

④ 한국인은 한국정부의 입법 및 행정상의 참가하는 실권을 부여함

⑤ 한국인에게 차별 대우

⑥ 한국인은 언론·출판·집회의 자유가 없음

⑦ 교회자유의 정한定限

⑧ 한국인의 외국유학 및 여행을 금함

⑨ 고故 한국 황제 소유의 토지를 탈취

⑩ 무너뜨리고 어지럽게 한 풍속을 주입

⑪ 한국인을 만주로 몰아서 내침

⑫ 실업상 많은 개량이 한국인보다 일본인의 이익이 더욱 많음

이처럼 3·1운동 원인을 언급하면서 남궁억은 일제통치의 실상에 대해 정확하게 지적하였다. 즉 관리임용, 교육의 기회, 노동 실업분야에서의 차별대우, 신교 자유의 제한, 외국유학이나 여행의 금지, 토지를 탈취하여 동양척식주식회사에 부여하여 일본인 이주를 장려, 공창의 유행, 만주로의 이주정책 등을 구체적으로 언급하여 3·1운동이 일어날 수밖에 없었던 당시 한국의 상황을 자세히 기록하였다.

『조선니야이』권5에서 3·1운동기는 57페이지로 전체 3분의 1 이상을 차지하였다. 이것은 남궁억이 당시 청소년과 학생들의 정의감과 애국정신과 용기를 북돋아 주는데 집중하였음을 알 수 있는 부분으로 내

용도 스스로 위험한 내용임을 알면서도 보급했다.

그럼에도 남궁억은 『조선니약이』 전 5권에서 '절의'를 중시한 나머지 조선왕조의 부활을 바라고 있었던 것은 아닐까 하는 생각을 하게 한다. '한일병탄' 이전까지는 한국에서도 복벽주의를 주창하는 사람들이 있었으나 3·1운동 이후에 점차 사라지고 대부분 새로운 공화제 국가를 설립할 것을 주창하고 있던 당시에 남궁억은, 여전히 왕정국가의 부활을 꿈꾸고 있었던 것 같다. 이것은 1934년 재판 당시 취조관과 그의 질의응답에서 알 수 있다.

"그대는 어떤 형식의 국가가 건설되는 것을 바라는가?"

"나는 거기까지는 생각하고 있지 않다."

"그대는 이조의 일이 그리워서 못 견디는 것이 아닌가?"

"이조가 부활하면 좋다고 생각한다."

이외에도 동학농민군의 지도자들을 '적괴賊魁'라고 표현한 것이나 그가 사장으로 있을 당시 『황성신문』에서 의병을 비난한 것 등을 종합해볼 때 애국계몽운동과 독립운동을 통해 주권을 찾은 후 세워질 정부에 대해서는 상당히 보수적 경향을 보이고 있었다. 이러한 남궁억의 의식은 역사서에서 충절을 지킨 인물에 대한 강조로 표현된 것이다.

그렇다면 이 책이 당시 한국인에게는 어떤 영향을 미쳤을까? 이를 알 수 있는 이야기 한 편이 전해지고 있다. 남궁억에 관해 연구를 한 현재호 목사가 남궁억의 얼을 찾아 애쓴다는 것을 알고 1997년 77세의 할아버지 한 분이 연락을 해오셨다.

어린 시절에 강원도 춘천 남면 가정리에 살았는데, 모곡학교 이야기를 듣고 입학을 했다. 그러나 얼마 안 있어 무궁화사건이 일어났고 학교는 곧 공립학교로 일제의 손으로 넘어가게 되었다. 얼마 후 출옥해서 집에 돌아오신 한서 선생을 찾아가 말씀을 들으며 마음속에 애국심을 다져갔다. 그리고 친척되는 이기섭 댁에 가서 몰래 『조선니약이』를 읽었다. 당시 학교를 마치고 집으로 돌아갔는데 다른 사람 대신 징용을 가야 하는 형편에 처하게 되었다. 그러나 한서 선생을 통해 배운 것이 있기에 일제를 위해 전쟁에 나가 총을 들 수는 없는지라. 이 기회에 만세운동이라도 벌이자고 결심하였다. 모곡에서 그리 멀지 않은 굴업이라는 곳에 인연이 있어 그곳 이장에게 일본이 일으킨 전쟁을 독려하는 말을 할 테니 사람들을 모아달라고 한 뒤 사람들이 모이자 처음에는 전쟁을 치하하는 듯 시작하다 어느 정도 분위기가 무르익자 『조선니약이』를 인용하고 몰래 다리에 차고 갔던 책을 내보이며 일본은 반드시 망하고 조선은 기필코 독립을 할 것이라고 힘주어 이야기하고 만세를 불렀다.

이처럼 남궁억이 집필한 이 책은 자라나는 후학들에게 민족의 얼과 혼을 되살리는 역할을 하였으며, 어린 학생들의 마음속에 애국심을 불러일으키게 하는 교과서와 같은 책이었다.

류달영 선생은 외솔회에서 발간한 『나라사랑』 제11집 「저작을 통해 본 한서 선생」이라는 글에서 이렇게 전하고 있다.

선생을 처음 알게 된 것은 1934년이었다. 『동아일보』에 70여 세 노령의 남궁억 선생이 보안법으로 기소된 사실이 사진과 함께 크게 보도되었다. 선생의 선각적인 구국운동의 생애와 함께 강원도 홍천 보리울에서 학원을 세우고 조선역사와 지리를 비밀히 교육하여 민족정신을 청소년들의 가슴 속에 깊이 심어왔고, 특히 우리나라의 국화인 무궁화를 많이 가꾸어서 전국적으로 보급한 사실도 아울러 보도되어서 젊은 가슴을 뜨겁게 하였다. 그리고 온 민족이 마음으로부터 존경하는 백발 노구의 남궁억 선생을 악독한 일인 경찰들이 포승으로 묶고 수갑을 채워 끌고 강원도에서 서울로 압송하는 광경을 보고 많은 민중이 모두 울었다는 이야기도 전해 들었다.

1936년, 26세 류달영이 개성 호수돈여학교 교사로 부임했던 시절 그가 살던 집 바로 이웃에 남궁억의 큰딸 남궁숙경이 그의 딸 장여사와 함께 살고 있었다고 했다. 그리고 윤치호의 며느리가 된 남궁자경도 집이 가까워 자주 만났고 그의 딸들도 류달영이 가르쳤다고 한다.

일본이 무조건 항복한 광복의 그날 저녁에 남궁숙경은 류달영을 찾아와 복사한 『조선니약이』 전 5권을 눈물을 흘리며 전해주었다. 그리고 간곡히 부탁하였다.

"부디 잘 간수하였다가 전해 줄 만한 때에 전해줄 만한 사람을 찾으면 넘겨주세요."

남궁숙경은 언제 어느 때 일경들에 의해 가택 수색을 당할지 몰라 그 책 다섯 권을 평생 입은 옷 속에 깊이 매어 차고 다녔다 한다. 참으로 감개무량한 순간이었다. 나라 잃은 그 시절 자라나는 아이들에게 조국의 역사를 가르치기 위해 목숨 걸고 저술하였던 『조선니야기』는 그렇게 눈물겹게 전해졌다.

류달영은 그날 밤 복사물을 대강 통독하고서 다음 날부터 이것을 인쇄하여 교육자들과 청년들에게 나누어주고자 동분서주하였다. 용지를 구하기도 인쇄를 하기도 어려웠던 그 시절 어렵게 종이를 구하고 정성을 다하여 먼저 3·1운동을 포함한 대원군 이후 최근세사를 친구들과 밤낮을 이어 원지에 쓰고 등사하여 개성지방의 교육자들과 저명인사들에게 배부하였다. 얼마 후 남궁자경의 사위가 주선하여 이 책 원고 전부를 출판하겠다고 남궁숙경의 딸에게 원고를 넘겨주었다. 그 후 소식이 없었으며, 출판된 것도 보지 못하였다고 한다. 그리하여 현재는 처음 필사본만이 전해지고 있다.

이처럼 남궁억은 역사교육을 통해 무엇보다 사대주의적인 역사인식을 배격하고 민족사의 주체성·우수성·독립성을 확립하고자 하였다. 학생들을 올바르게 교육함으로써 역사의식·민족정신을 함양시켜 민족독립의 역군을 육성하는데 교육의 목표를 두었다.

남궁억은 한말·일제강점기 민족주의 사학자 박은식·신채호 등이 민족사의 주체성·자주성을 밝혀 역사의식과 민족의식을 불러일으키고자 노력하였던 것에서 한발 더 나아가 학생과 일반 민중에게 직접 역사교육을 실시하였다. 그 방법의 하나는 인물 중심의 역사 기술 방법이었다. 인물 중심의 전기적 서술이 갖는 한계성을 어느 정도 극복하기 위해 군왕부에서 전체적인 편년체를 사용하였다. 즉 군왕부에서는 왕의 치적을 편년체로 서술함으로써 각 인물들의 활동과 연계시키도록 하였다. 예를

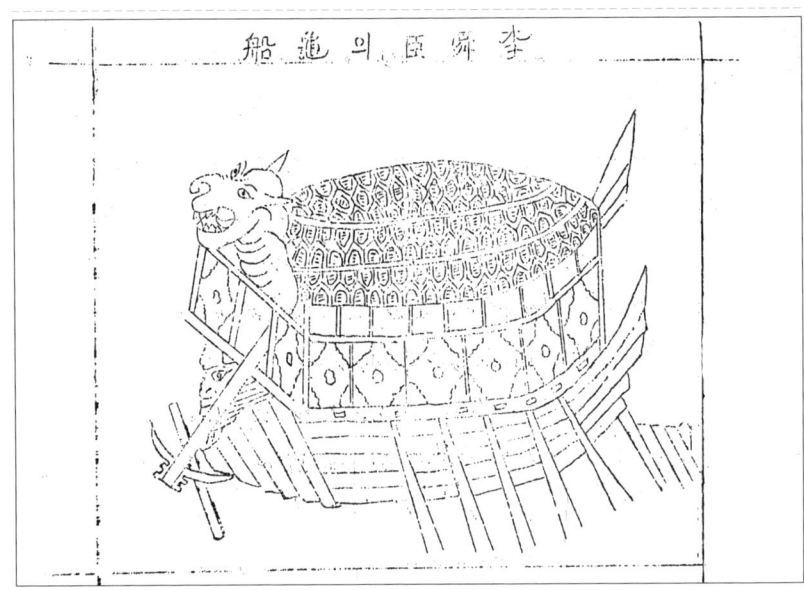

「조선니약이」 이순신의 거북선

들면 선조 대에서는 임진왜란과 이순신의 활동을 기술하고 있으며, 정치부에서도 '이순신'을 길게 서술하면서 거북선의 실측도, '이순신의 거북선龜船'을 그림으로 그려 그의 활동을 상세히 담고 있다. 권5에서는 처음부터 편년체 서술을 하였고 각 인물의 활약은 군왕부 안에서 처리하였다.

 이러한 남궁억의 역사관을 정리해보면 첫째, 그는 자주 독립국가를 강조하여 민족사에 대한 자긍심을 고양시키려 하였다. 권5에서 청이 우리나라를 자주국으로 인정했던 점, 독자적인 연호의 사용, 대한제국 선포 등은 국제관계에서 드문 예라고 하여 자주 독립국의 면모를 강조하였다.

둘째, 북방경략에 관심을 보여 적극적인 고토수복정신을 강조하였다. 권1 고주몽전에서 주몽이 국세를 점차 강성케 하여 국호를 고구려라 하고, 고구려의 국경을 넓혀 이웃 나라인 말갈 등이 두려워하여 감히 침범하지 못했다고 하였다. 발해왕전에서는 고구려가 망하고 그 왕의 후예인 대조영이 왕위를 이어 그 영토를 부여 전 지역과 길림성 러시아의 서백리아 일부와 조선의 함경도로 하였다고 하여 '발해국도'를 작성하였다. 조선 효종의 북벌계획은 왕이 승하함으로써 성공하지 못함을 애석하게 여기는 등 고토수복정신을 강력히 나타내었다.

셋째, 인물의 서술에서는 도덕적 인간상을 확립하고자 하였다. 권4까지 각 부에서 다룬 인물들은 그들의 공적을 인품과 함께 높이 평가하여 도덕적 인간상의 귀감이 되도록 서술하였다. 그러나 권5에서는 그들의 행적에 대해 역사적인 평가도 내렸는데, 대원군의 경우 그의 활동의 득실 및 인물평을 하였다. 또한 민족지도자들의 언행과 충절에 대해서도 신랄하게 비판하였는데, 박영효의 경우는 변절을 지적하였다.

넷째, 남궁억은 주체적인 역사를 젊은이들에게 가르치고자 하였다. 그리하여 병탄에서부터 3·1운동까지 10여 년의 역사와 3·1운동 이후 일제 식민지배로 인한 침탈사는 비주체적 역사이기에 기록할 가치가 없다고 하였다. 다만 3·1운동은 민족의 "일본 정치에 불복하고 독립주의를 폭로 기성키 위하여" 일으킨 주체적 역사로 파악했다. 이리하여 부기에 '3·1운동'을 총 57페이지에 걸쳐 기록하면서 그 원인과 일제 식민통치의 부당성을 전문 12조에 걸쳐 지적하면서 독립주의를 강조하였던 것이다.

이처럼 남궁억은 자주적 입장에서 민족사를 인식하고, 조국의 독립을 이룩하려는 분명한 목적을 가지고 열정적으로 역사교육에 전념하였다. 물론 남궁억의 역사책에도 한계는 있다. 인물사 중심의 전기적 서술이다 보니 몇몇 경우를 제외하고는 시대적 상황을 종합적으로 서술하지 못한 점과 동학농민혁명·의병활동·농민항쟁 등에 대해 소극적인 태도를 보이고 있는 점, 그리고 일제 침탈에 대한 객관적 서술과 우리의 한계에 대해서 보다 객관적이고 정확한 서술을 하지 못한 점이다.

하지만 남궁억은 비록 전문적인 역사가로서 근대적인 역사서를 집필한 것은 아니지만 식민통치하에서 민족혼과 역사관을 고취하기 위한 목적으로 역사책을 저술하였을 뿐만 아니라 그것을 통해 직접 일선에서 청소년들에게 역사교육을 함으로써 실천적 역사교육자로서의 삶을 살고자 하였던 점은 높이 평가되어야 할 것이다.

한국어 교육과 취미활동

남궁억은 한국어 교육에도 관심이 있었다. 그가 저술한 『조선어보충』은 학동들에게 한국어에 대한 흥미를 돋우어 주기 위해 재미있는 역사이야기와 독립투사들의 실화를 바탕으로 지은 우리말 교과서이다. 그가 한국어 문법을 편찬할 수 있었던 것은 『독립신문』 편찬 당시 주시경 선생에게 배운 바가 있기 때문이다. 한국어법 시간이면 한글의 우수한 점을 강조하며 한글도 영문자와 같이 가로쓰기에 편리하도록 고칠 것을 역설하였다. 그리하여 당시 김춘강·남궁현 등은 한글 가로쓰기 법을 연구하였다.

남궁억은 조회 때마다 충신은 두 임금을 섬기지 않기에 비록 조선이 일본에 합병되었다고는 하지만 그것은 다만 형식에 지나지 않으므로 조선이라는 글자는 죽어도 잊지 말라고 학생들에게 힘주어 이야기했다. 한국어 보충 수업시간에는 학생들에게 다음과 같이 격려하였다.

우리는 현재 일본에 합병되어 왜장의 노복이 되어 있지만 조선이 아무리 쇠약해 있더라도 너희 청년들은 용감히 힘을 길러 어떠한 천신만고의 일을 당하더라도 결코 굴복하지 말고 그것을 쉽게 배제해 간다는 정신만 있으면 조선독립은 그렇게 어려운 문제가 아니고 또한 전연 가망이 없는 것도 아니니 먼저 용감한 정신을 만들어 나가라.

이외에도 남궁억은 1899년 3월부터 10여 년간 옛 돈과 우표를 수집하기 시작했다. 고려 숙종 때 해동통화海東通貨로부터 대한大韓 융희 시대까지 금·은·동제의 전폐錢幣 71점 등 한국화폐사 연구에 귀한 자료를 남겼다. 우표는 개국 504년(1895)에 간행한 것으로부터 1904년까지 우표로 20매인데, 이 옛 돈과 우표는 강원도 홍천군 서면 모곡리의 산속에 숨겨두었다가 1931년 6월 17일 연희전문학교의 박물관에 기증하였는데, 그 수는 2천여 점이나 되었다. 여기에는 한국에서 맨 처음으로 발행한 화폐, 즉 고려 숙종 때의 것과 대한제국 말년인 1910년 것도 있었다.

실천으로 본을 보여준 교육자의 삶

남궁억의 교육은 말로만 하는 것이 아니라 몸소 실천하는 등 본을 보여주는 삶이었다. 먼저 남궁억의 삶 자체는 우리 것을 소중히 여겨 이를 개발하고 가꾸어가는 차원에서 모범을 보였고, 경제 이전에 먼저 정신을 바로 갖고 정치와 문화를 새롭게 구축해가야 함을 강조하였다. 남궁억은 특히 일제강점하에 수없이 쏟아져 들어오는 새로운 문물들을 거부했다. 그의 생애에서 어느 것 하나라도 외제를 발견할 수 없었다. 심지어는 감옥생활을 할 때도 일인이 만든 수의를 거부하고 따님이 한복을 넣어 드릴 때까지 알몸으로 지냈다고 한다.

일 년 내내 십전짜리 밀짚모자를 쓰고 다녔으며, 양복을 입지 않고, 겨울에는 무명옷, 봄·가을에는 광목옷, 여름에는 베옷을 입고 다녔다. 신은 짚신을 삼아 신거나 미투리를 신고, 먼 여행에는 고무신을 신었다. 밀짚모자가 찢어지면 기워서 쓰고, 옷에 물감을 들일 때는 나무껍질이나 풀뿌리로 물들여 입었다. 흰 버선에 떡갈나무 잎으로 물을 들여 신으면서 어린 학동들에게 화학물감으로 만든 일본 것처럼 화려하지는 않지만 우리 것이 얼마나 고운지를 설명하였다. 심지어 일본인들이 경영하는 버스나 택시도 타지 않고 환갑이 넘은 노인이 꼭 걸어서 여행을 다녔다. 남궁억의 이러한 실천적인 삶은 좋은 모자와 좋은 옷을 입을 형편이 못되어서가 아니요 의도적으로 검소한 생활을 하려는 것도 아니었다. 외제선호사상이 가져올 우리 민족 경제의 파탄과 우리 것 속에 깊이 배어 있는 민족 문화와 역사를 오롯이 지켜가고자 함이었다.

하루는 제자 한 사람이 다 헤지고 더러워진 선생의 밀짚모자를 민망히 여겨 새 모자를 사드렸다. 그러자 제자의 선물을 받아든 남궁억은 "모자야 햇빛을 가리면 그만이지 조금 헤어지고 검어진들 무슨 흠이 되겠느냐"고 하며 정중히 돌려보냈다고 한다. 편리하고 좋아 보이는 물건이 있어 이를 권하면 "우리 손으로 만들면 그때나 ……"라고 하셨다.

한국은 현재 일본의 침탈을 받고 있기에 부지런해야 한다는 것이 남궁억의 평소 가르침이었다. 농촌에 세워진 학교로서 초급 교육부터 농촌의 실정에 맞는 교육을 하는 것이 그의 교육관이었다. 아침에 일찍 일어나 풀을 베어 놓았다가 학교에 올 때 거름풀을 한 짐씩 지고 오도록 하였고, 수업을 마치고 하교할 때는 산에 가서 나무를 한 짐씩 해가도록 하여 학생들이 부지런히 일하는 습관을 기르도록 하였다. 학교 마당에는 학생들이 해온 풀짐과 지게가 열을 지어 서 있었다.

남궁억은 마을 사람들이 모두 배우기를 주장하고 의무적으로 자제들을 학교에 보내도록 권장하였다. 이로써 그가 일경에게 체포되기까지 15년 동안 농촌계몽에 힘쓰므로 동민들의 문화수준은 높아져 갔다. 그 당시 청년들은 영어책을 읽고, 글을 모르는 동민이 없었으며, 한때는 영어합창단이 만들어지기도 하였다.

길을 갈 때도 가시나무나 위험한 유리조각이나 돌이 놓여 있으면 꼭 치워 놓고 길을 갔다. 이웃집에 김을 매러 갈 때도 꼭 점심을 가지고 가고, 백발노인이 되었을 때도 지게를 지고 나무와 돌을 나르며 날마다 새벽 일찍이 일어나 유리봉에 올랐다. 여름이나 겨울 할 것 없이 10전짜리 농립을 쓰고 매일 아침이면 동리를 한 바퀴 돌면서 청년들을 깨우고

헌 짚신짝을 끈에 매어 모아들여 오줌에 담갔다가 무궁화나무에 밑거름으로 주었다. 여름과 겨울 방학이면 경향 각지를 돌아다니며, 몰래 한국역사를 가르쳐 민족의식과 애국심을 불러일으켰다.

봄이 되면 학생들과 같이 공터에 나무를 심었고 마을의 교량이 무너지면 이를 보수하였다. 학생들과 이러한 작업을 할 때면 당연히 선생님이 먼저 몸소 지게를 지고 솔선수범하는 자세를 보였다. 제자 조용구의 증언에 따르면 그는 '내 마을은 내 손으로'라는 표어를 내세우고 일을 하였다 한다.

특히 남궁억은 아동교육에 유별나리만치 철저하게 실천을 강조하였다. 남이 볼 때는 아주 인색한 할아버지라고 오해할지라도 종손들이 과자·사탕·장난감을 달라고 하면 꼭 돈을 받고 내어 주었다. 또 남궁억의 집에서 우표를 많이 사두고 쓰는 것을 알고 동리 청년들이나 학생들이 한 장 얻으러 오면 반드시 돈을 받고 내어주었다. 그러나 이 돈은 아이들 모르게 부모에게 다시 돌려주었다. 이것은 아이들에게 남의 것을 공짜로 얻으려는 정신을 없애고 자기 힘으로 사는 정신을 심어주고자 함이었다. 또한 매일 새벽 일찍이 일어나 성경을 한 장씩 읽는 것으로 일과를 시작하였고, 다음으로 사서를 읽었는데 빨간 점을 찍어가며 정독을 하였다.

이 밖에도 남궁억은 학생들에게 특별활동을 통해 전인교육을 실시하였다.

"좋은 책을 읽는 일은 좋은 음식을 먹음과 같아서 배탈이 나지 않는다."

이러한 자신의 신념을 바탕으로 그는 독서회를 만들어 그 당시 서울에서 출판되는 서적을 구입해 돌아가며 읽게 하였다. 또 정기적으로 토론회나 웅변대회를 열어 학생들에게 어떤 문제에 대해 스스로 생각하고 변론하는 힘을 길러 주었다. 토론회와 웅변대회의 주제는 언제나 민족의식을 고취하는 문제와 생활개선에 대한 문제로, 반드시 우리말로 하게 함으로써 학생들에게 애국계몽의식을 심어주려고 했다.

상록수로 둘러싸인 보잘것없는 초가 두 칸의 남궁억의 사랑방에는 자리틀과 가마니틀·멍석·짚신 등을 삼을 수 있는 준비가 항상 되어 있어 짬이 나는 대로 여름·겨울 할 것 없이 손수 자리나 방석을 틀게 하여 잠시도 빈둥거리지 않게 하였다. 일을 하다 지루해하면 야화野話나 사담史談, 시사時事 이야기를 들려주면서 아이들은 물론 어른들에게도 이야기 친구가 되어 주었다. 보리울 마을 청년들은 저녁밥상을 물리고 나면 으레 너나 할 것 없이 그의 사랑방으로 몰려들어 옛이야기를 들으면서 방석을 틀거나 노를 꼬는 일을 마다하지 않았다. 이처럼 남궁억은 온종일 학교 일에 몸이 고단하여도 밤이면 또 마을 사람들을 정신적으로 지도할 기회를 만들어 농촌생활의 필요한 생활교육을 하였다.

08 무궁화 사랑, 나라 사랑

무궁화 보급운동

3·1운동 이후 이른바 '문화통치'라는 이름으로 일제는 식민통치를 미화하였지만 여전히 반도 산하는 일제의 살벌한 감시와 통제 속에서 숨쉬기조차 어려운 암울한 상황이었다. 그런 산하에서 무궁화 묘포苗圃를 볼 수 있는 곳은 오직 남궁억이 있는 보리울뿐이었다. 무궁화라는 이름조차 바로 못 부르고 근화槿花라고 부르던 때 남궁억은 무궁화 묘포를 가꾸었다. 이른바 '문화통치'를 표방하면서 사이토 총독은 사람이 모이는 곳에는 '사쿠라(벚꽃)'를 심도록 하였다. 사쿠라는 바로 일본 대화혼大和魂의 상징이었기 때문이다.

남궁억은 이때 자신이 해야 할 일이 무엇인가 고민하면서 일찍이 배화학당 교사 시절부터 관심을 두고 있던 무궁화 묘목을 학교 실습지에다 심어 가꾸기로 하였다. 묘목을 팔아 돈을 벌자는 것이 목적이 아니었고 위축되어 가는 애국심을 고취하기 위한 방편이었다. 학교 경비 보충을 구실로 무궁화 묘목을 해마다 수십만 주씩 길러서 각 지방의 학교·교회·사회기관에 기증도 하고 팔기도 했다. 남궁억에게 무궁화 사랑은 곧 나라 사랑이었다. 일본 관리들이 학교를 찾아오면 뽕나무밭이라 속이기도 하였다.

묘포 작업은 실업시간을 이용해 학생들이 직접 김매고 거름 주게 하였다. 이는 학생들에게 무궁화에 대한 애착과 국화 관념을 넣어 주기 위함이었다. 그는 마음이 우울할 때면, 무궁화 묘포로 나아가 잡초를 뽑고 벌레를 잡으며 거름도 주면서 망국의 한을 달래고 애국심을 다시 고양하였다. 무궁화 묘목을 팔지 못하게 할 때는 뽕나무 묘포를 겸해서 기르다가 지방에서 주문이 들어오면, 뽕나무 묘목 속에 무궁화 묘목을 끼워 보내는 등 무궁화 보급에 갖은 방법을 활용하였다. 어린 무궁화 묘목은 뽕나무 묘목과 비슷하기 때문이다. 무궁화의 특징과 세계 각 나라의 국화를 열거하고, 무궁화는 우리의 역사를 닮은 우리나라 꽃이라는 선전문을 인쇄하여 가까운 친구는 물론 각 교회와 사립학교에 배부하였다.

당시 모곡교회와 모곡학교를 통해 전국의 사립학교와 교회 혹은 민간단체로 보내졌던 무궁화는 무려 30만 주 정도였다. 대부분의 묘목은 홍천 지역 우체부가 자전거에 싣고 나가서 전국으로 보냈다. 우체부도 이런 내용을 알고 더 성실하고 기쁜 마음으로 일을 감당했다고 한다.

이처럼 무궁화 보급운동은 단순히 작은 농촌마을 일흔 노인이 펼친 계몽사상의 발로를 넘어 우리의 오랜 역사 속에서 가장 수치스러운 수난 시절, 일제의 총칼과 협박과 유혹에 조금도 굴하지 아니하고 당당하게 맞서 싸운 독립의 깃발이었다. 1923년 남궁억이 지은 무궁화를 노래

무궁화 앞에 선 남궁억

한 시이다.

금수강산 삼천리에 / 각색 초목 번성하다
춘하추동 우로상설 / 성장 성숙 차례로다
초목 중에 각기 자랑 / 여러 말로 지꺼린다
복사 오얏 번화해도 / 편시춘片時春이 네 아닌가
더군다나 버찌꽃은 / 산과 들에 번화해도
열흘 안에 다 지고서 / 열매조차 희소하다
울밑 황국黃菊 자랑스리 / 서리 속에 꽃핀다고
그러하나 열매 있나 / 뿌리로만 싹이 난다
특별하다 무궁화는 / 자랑할 말 하도 많다
여름 가을 지나도록 / 무궁무진 꽃이 핀다
그 씨 번식하는 것이 / 씨 심어서 될뿐더러
접붙여도 살 수 있고 / 꺾꽂이도 성하도다
오늘 조선 삼천리에 / 이 꽃 희소 탄식 마세
영원 번창 우리 꽃은 / 삼천리에 무궁하라

다른 꽃나무들은 한번 꽃이 피면 열흘도 못 가서 꽃이 다 지고 말지만 무궁화는 '여름 가을 지나도록 무궁무진 꽃이 핀다'는 가사처럼 여름이 지나고 가을이 지나도록 꽃을 볼 수 있는 생명력이 긴 나무이다. 남궁억은 이 가사를 통해 우리 민족의 유구한 역사와 끈기를 상징적으로 묘사하고 있다. 무궁화가 씨를 뿌려도 접붙여도 꺾꽂이를 하여도 성한

무궁화마을

것처럼, 일제가 전국의 무궁화를 뽑아버려 못 심게 하여도 무궁화는 영원히 번창하여 우리 꽃이 될 것이라는 가사는 바로 우리 민족의 앞날에 대한 남궁억의 간절한 소망과 바람이 담겨 있다.

보리울 무궁화사건

남궁억이 모곡학교에서 무궁화 보급운동을 통해 나라 사랑 의식을 불러 일으키고 있을 무렵 멀리 일본 땅에서는 1932년 1월 8일 한인애국단의 이봉창이 일본 천황을 죽이려고 궁성 앵전문櫻田門 밖에서 폭탄을 던졌다. 그해 4월 29일 상하이 홍커우공원에서 열린 만주사변 전승 축하회 마당에선 윤봉길 의사가 폭탄을 던져 왜적 총사령관 시라가와白川義則와 거류민 단장 가와하시河端貞次를 그 자리에서 폭사시키고, 주화대사 시게

미쓰重光蔡와 해군 사령관 노무라野村吉三郞에게 중상을 입혔다. 이처럼 연이어 발생한 한국인의 의거에 놀란 일본 정부는 그 어느 때보다 혈안이 되어 독립운동가들을 색출하기 위해 전국 곳곳에 수사망을 펼쳐 삼엄한 경계 태세를 갖추었다. 검거의 주요 대상 지역의 하나로 강원도 홍천 보리울을 지목하였다.

1933년 5월 어느 점심시간이었다. 학교 교무주임을 맡고 있던 조용구가 평소처럼 남궁억의 집으로 가서 선생과 함께 사랑방에 앉아 막 식사를 하려는데, 시조사 직원이라며 40대 신사가 들어왔다. 『시조』 잡지 한 권을 내놓으면서 독실한 기독교(안식교)인인 것처럼 이야기를 시작하였다.

"일본이 아무리 기세를 부려도 구미의 문명을 따를 수는 없지요."

"그렇지요. 일본이 한국에 대하여 동화정책을 쓰지만 그것은 오산이지요. 우리나라는 자고로 남의 나라에 침입을 당하기는 했으나 오래지 않아 되찾고야 말았죠. 현재 조선이 일본에 침탈당하였으나 굳세게 나아가면 독립할 수 없는 것은 아니요."

신사의 유도 질문에 남궁억은 단호하게 힘주어 말했다.

"지금 같아서는 언제 그럴 수 있을까 싶습니다."

젊은 신사가 낙심한 듯하자 남궁억은 결의에 찬 목소리로 말했다.

"젊은 사람들이 낙심해서는 안 되오. 머지않아 태평양이 가마에 물 끓듯 할 것인데 나는 보지 못해도 당신들은 볼 것이요."

이야기를 마친 신사가 무궁화를 사러 왔다고 하니 남궁억은 그를 데리고 무궁화 묘포로 가서 무궁화는 우리나라의 국화라고 설명하였다.

남궁억은 우국지사인 척하는 그의 말에 감동하여 동지나 다름없이 대하면서 「무궁화 시조(예찬시)」를 한지에 써서 이를 설명해 주면서 일제의 패망과 한국의 독립을 토로하였다. 사쿠라는 활짝 피었다가 곧 지지만 무궁화는 면연綿連히 피어나는 것처럼 한국의 역사도 끊임없이 이어갈 것이라고 역설하였다. 그날 그렇게 대화를 나누고 돌아간 신사는 바로 홍천경찰서 사법주임 신현규申鉉奎였다. 그리고 이를 증거로 보리울 무궁화사건이 발생하였다.

사건의 발단은 이러했다. 남궁억의 뒤를 이어 모곡학교를 맡을 사람을 선정함에 모든 교사는 당시 이기섭을 후임으로 세우자고 하였다. 유독 정구환만이 나서서 자기가 맡아 보겠다고 강하게 주장하다 면박을 당한 일이 있었다. 정구환은 경상도 사람으로 무슨 이유에서인지 강원도 촌에 있는 친구를 찾아와 일자리를 부탁하여 이곳 모곡학교에서 특별한 직책도 없이 일한 지 얼마 되지 않은 인물이었다. 바로 이 사람이 면박을 받은 후 모곡지서 순사 정도일鄭道逸에게 접근하여 이참에 학교를 손에 넣어 공로자가 되자고 모의했다. 정도일은 평소 자신을 아들처럼 대해주던 남궁억 선생을 생각하여 처음에는 거절하였다. 계속되는 권유로 마음을 바꾸어 남궁억의 무궁화운동을 홍천경찰서에 밀고하였던 것이다.

그해 11월 4일 가을날, 그동안 철저하게 자료를 수집하고 대책을 세운 홍천경찰서의 '시조사 신사' 신현규는 8명의 사복경관과 함께 들이닥쳤다. 고등계 주임인 나카노中野와 그 차석인 다카다케高武 그리고 고등계 형사 특무계 최언환崔彦煥, 사법형사 곽을룡郭乙龍, 보리울에서 약

1km 되는 지점의 도리소都利沼 주재소 수석 기다니木谷와 동 형사 정도일 외에 2명으로 이들은 담당 수사관 신현규의 지휘에 따라 남궁억 교장과 교사들의 집을 샅샅이 수색하고 잠복시켜서 대기하게 하였다.

학교는 물론 인근 교사와 청년들의 가택을 샅샅이 수색하여 방안의 천정을 찢고 벽을 뚫으며 옷장과 책궤에서 증빙물을 압수할 뿐만 아니라 집안 식구들의 몸까지 수색하게 했다. 그때 압수된 증빙물은 무궁화 선전문, 선생이 지은 『조선니약이』·『동사략』, 영문으로 된 『독립노선』, 태극기를 박은 체경과 수저, 남궁억이 지은 노래 모음책, 『동국사기』와 『삼국사기』, 남궁억의 개인 서한과 일기장 등이었다.

28명의 청년 남녀들을 수갑채워 포승줄에 묶은 채 50km 길을 끌고가 홍천경찰서에 수감하였다. 끌려간 사람은 남궁억과 이기섭李起燮·이병구李炳球·김복동金福童·여교사 남궁경숙南宮敬淑 등이었다. 그리고 계속 검거하여 모곡리에서는 남궁현南宮現·남궁근南宮槿이 체포되고, 동막리에서는 이봉균李鳳均·조경제趙敬濟와 모곡교회 유자훈劉子勳 목사가 체포되었다. 이어 검거의 마수는 지리적으로 보리울과 인접해 있던 춘천군 남면으로 뻗쳐 창촌리의 어인선魚仁善과 후동리의 송완식宋完植·남궁식南宮植을 검거해 감으로써 마을 사람들은 공포·실망·수심에 싸여 해가 지면 문을 걸어 잠그고 들어앉아 나다니는 사람이 없었다. 마을은 긴장감과 스산함에 휩싸였다. 이것이 바로 '보리울 무궁화사건'이다.

남궁억을 잡아간 신현규는 홍천경찰서에서 직접 심문하였다. 무궁화를 배포한 일과 「무궁화 시조」에 대해 취조를 하자 남궁억은 조금도 흐트러짐 없이 당당하게 자신의 주장을 펼쳤다.

"무궁화는 뿌리가 강하고 꽃은 2~3개월 동안 피어 있어서 조선민족을 대표하고 있으니, 조선민족도 이 무궁화처럼 영구히 번창하라는 것을 나타낸다."

도리어 부끄러운 줄도 모르고 원색적으로 남궁억을 취조하는 신현규의 모습이 애처로울 지경이었다. 옆에서 지켜보던 일본인 서장이 남궁억을 서장실로 모시고 들어가 호의를 베풀며 회유하려 하였으나 그는 끝까지 자세를 굽히지 않았다.

무궁화사건으로 남궁억을 비롯한 28명이 검거되고 이 사건은 확대되어 강원도 경찰부에서는 무궁화 나무를 전부 없애버리라는 긴급지시를 내려 남궁억이 그토록 아끼던 무궁화는 일대 수난을 당하게 되었다. 1차로 강원도 경찰부·학무과·홍천군청·기타 일반에서 무궁화 묘목 36,000주를 사들였다. 이는 무궁화사건으로 대검거와 취조 중에 벌어진 일이기에 그 의도를 충분히 미루어 짐작할 수 있다. 2차로 40,000주는 무상으로 뽑아 들이라는 명령을 내렸다. 일제는 이 많은 묘목을 불에 태워버리는 동시에 춘천읍의 선교사들 주택 주위에 있는 무궁화를 경찰이 직접 와서 뽑아내고 가지를 꺾어 묶어갔다. 보리울은 물론 홍천읍과 춘천읍 일대의 민가에 있는 무궁화는 물론, 강원도 일대 각 초등학교와 군면 소재지에 있는 나무까지 대략 70,000주나 되는 것을 모조리 뽑아버리고 불태워버렸다. 당시 학교 교정에 심어져 있던 무궁화는 대부분 모곡학교에서 기증받은 것이었다.

일본 경찰은 남궁억이 무궁화 묘목을 팔아 민족주의를 고취시켰다는 '죄상'을 『동아일보』 1933년 12월 27일에 게재하였다.

경성지방 법원 검사국 사사키 검사의 손에서 취조를 받다가 낙착되어 6명은 기소되고 6명은 면소를 보게 되었는데, 남궁억 노인만은 보안법 위반이고 다른 5명은 모두 치안유지법 죄명으로 기소되었다는데, 남궁억 노인의 보안법 위반으로 기소 내용을 들건대 모곡학교 교장으로 있으면서 한국역사와 지리를 가르치고 무궁화를 학교 내에 수만 주나 심고 또 학생들에게 무궁화 시를 읊어 들리고 가르치며 여교원으로 하여금 무궁화 창가를 가르치게 하여서 민족주의 사상을 학생들에게 전할 뿐 아니라 교회에도 여러 가지 직분을 가진 관계로 종교적 집회나 접촉에서 늘 민족주의 사상을 고취하였다는 것인데, 당국으로부터 재삼 강직한 사상을 완화하도록 권고했으나 이를 듣지 않고 무궁화 묘목 광고에 쓴 글 문구가 불온하였다는 것이라 한다.

춘천선교부 십자가당사건

무궁화사건으로 감시가 한층 삼엄해진 홍천 지역에서 또 하나의 사건이 일어났는데 바로 춘천선교부 십자가당사건이었다. 홍천경찰서에서 극비리에 무서운 고문을 하던 중 교사 김복동의 일기장이 발견되어 비밀결사인 십자가당이 발각됐다. 이로써 보리울의 검거 사건은 확대되어 연루자를 속속 검거하니 홍천읍에서는 이윤석李胤錫·김경환金慶煥, 화천군에서는 김재인金在仁, 인제읍에서는 남천우南天佑 등이 체포되어 홍천경찰서로 연행되었다. 비밀결사에 대한 기록이 적힌 일기장이 압수된 줄도 모르고 검거되어 온 사람들은 끝내 부인하여 이 사실을 실토하기까지 심한 구타를 당하고 거꾸로 매달아 코에 물을 부어 질식하게 하는 등 참혹한 고문을 받았다.

　십자가당(크레스트당)은 1933년 4월에 강원도 홍천군 서면 모곡리 일원의 감리교계 목사와 신자들이 '공존공향共存共享의 지상천국'을 건설하고자 기독교사회주의 이념에 따라 조직한 비밀결사체이다. 1933년 4월 19일부터 23일까지 춘천교회 허문리 예배당에서 제3차 동부연회가 개최되었는데, 그 기간에 연회 회원들이 숙소로 사용하고 있던 아래층 춘천여자관에서 연회와 별도의 비밀 회합이 이루어졌다. 목회자로는 인제 구역 담임인 남천우南天祐 목사와 홍천서 구역 담임 유자훈 전도사, 가평서 구역 담임 이윤석李胤錫 전도사 등과 평신도 대표로 연회에 참석했던 창촌교회의 어인손, 모곡교회의 김복동金福童, 후동교회의 남궁식南宮植 등이 항일 비밀결사 '십자가당'을 조직하였다.

　유자훈 목사의 사회로 당을 조직하여 부서를 정하고 사업을 계획하였다. 십자가당은 중앙집행위원회 안에 전체 사무를 총괄하는 통할위원(유자훈), 회계업무를 관리하는 재정위원(이기섭), 서기와 통신업무를 관장하는 장서위원(김복동), 의료와 구호사업을 관장하는 사회사업위원(남천우), 학교설립과 당원 교육을 맡은 교육위원(남천우), 전도와 당원 확장을 관장하는 전도위원(이윤석)을 두었고, 남궁식·송완식宋完植·어인선·김경환·김재인 등은 기타 위원으로 참여하였다.

　조직한 지 얼마 되지 않아 점조직을 통하여 비밀리에 신규 회원을 늘려가는 단계에서 평소 모곡학교를 중심으로 불온한 사상이 떠도는 것을 예의 주목하고 있던 홍천주재소 순사들이 주목한 것이다. 홍천 지역

독립운동의 실체를 파악한 일제는 유자훈·남천우·이윤석·김복동·이기섭·김경환·남궁식·김재인·송완식 등 십자가당 당원 전원과 그들과 모종의 연관이 있는 남궁억·남궁경숙 등을 체포 심문하였다.

십자가당사건에 연루된 대부분 사람들은 모두 남궁억의 영향을 받은 감리교인이었다. 하지만 정작 그 자신은 십자가당이 아니었다. 그는 십자가당의 핵심인물인 유자훈과 "서로 주의 주장이 맞지 않으므로 그리 사이가 좋은 것은 아니었다"고 하며 술회하였으며, 무엇보다 남궁억은 사회주의를 달가워하지 않았다고 한다. 「지방법원심문조서」 1934년 1월 15일자 기록은 그가 공산주의에 대해 어떻게 생각하고 있는지를 잘 말해주고 있다.

"공산주의가 공명한가"라는 조서관의 질문에 남궁억은 이렇게 답한다.

"나는 공산주의에는 찬성할 수 없다. 조선 민족은 토지를 소유하고 있는 사람도 적고 또 기타의 재산을 축적하고 있는 사람도 적은데, 첫째 내가 공산주의에 공명한다면 연 수입 벼 80석이 되는 토지를 내놓지 않으면 안 된다. 그런 공산주의란 것에 공명할 수 없다."

연 수입 벼 80석이 되는 토지를 내놓지 않으면 안되기 때문에 공산주의를 받아들일 수 없다는 그의 진술은 매우 솔직하다. 그에게 교화를 받은 감리교인들이 십자가당을 만들기는 했지만 공산주의만큼은 공유할 수 없는 부분이었던 것 같다. 이런 면에서 남궁억은 상당히 현실주의자였다고 생각한다.

유자훈과 평소 친분 관계를 거론하면서 유자훈이 조직한 당에 입당

할 것을 권유받은 적이 없느냐는 질문에 남궁억은 "그런 일은 없다. 크레스트당이라는 당 이름도 처음 들었으며, 나는 조선 애국정신 외에는 아무것도 없는데 크레스트당이 어떤 내용인지 모르며 들은 일도 없거니와 본 일도 없고 찬성하지도 않는다"면서 처음 들었다고 진술하였다.

심문조서를 받을 당시 남궁억은 다만 모곡교회 에베소청년회에 고문으로 활동하였다. 이 단체는 각 교회의 전도를 보조하는 기관으로 믿음이 있는 청년은 더욱 성실하게 기독교를 믿도록 하고, 아직 믿지 않는 청년들에겐 복음을 전하여 신자가 되도록 하는 것을 목적으로 하는 모임이었다.

40여 일 동안 일제 경찰에게 혹독한 취조를 받은 다음 구속된 사람들 가운데 16명은 면소免訴되었고, 1933년 12월 14일에 12명만 서울로 송치되어 총독부 검사에게서 심문을 받았다. 당시 이와 같은 정황을 윤치호는 일기에 담았다.

1933년 12월 14일 목요일
한 달 전쯤 남궁억 씨가 반일감정에 기초한 조선사를 집필해 학생들에게 가르친 혐의로 체포되었다. 그와 10여 명의 절친한 친구들이 강원도 홍천 경찰 당국의 취조를 받은 후, 어제 서울 검찰에 송치되었다. 올해 71세인 이 노인이 감옥에서 생활하는 건 몹시 버거운 것이다. 감옥 안에서 재판을 기다리는 '불온사상가'들이 1천 명도 넘는 터라. 그가 재판을 받기까지는 1년도 더 걸릴 것 같아 몹시 염려된다.

이후 이들 가운데 유자훈·남천우·이윤석·이기섭·김복동·남궁억 등 6인은 예심에 회부되어 다시 경성지방법원 판사에게 심문을 받았다. 그 결과 1934년 8월 3일 유자훈·남천우·김복동·남궁억이 최종적으로 공판에 회부되었다. 이듬해 1월 31일 유자훈과 남천우는 치안유지법 위반으로 각각 1년 6개월, 남궁억은 10개월과 김복동은 6개월에 집행유예를 선고받았다. 이로써 남궁억과 김복동은 집행유예로 석방되었으나 유자훈 전도사와 남천우 목사는 1년을 더 복역하고 1936년 2월 2일 출옥하였다. 남천우 목사와 유자훈 전도사 석방으로 세상을 떠들썩하게 했던 '십자가당사건'은 사건 발생 2년만에 종결되었다. 감리교 목회자들의 석방 소식을 『감리회보』는 1936년 2월 인사란에 게재하였다.

남천우 목사는 2월 2일 출옥하여 원주읍 삼산의원에서 요양 중
유자훈 씨는 2월 2일 출옥하여 경성 사직동 43번지에 요양 중

　　이 사건의 중요 인물들은 이상향을 목적으로 기독교 진리에 입각한 이상적인 농촌을 건설해보려는 데서 모임을 출발하였다. 당시 일제는 만주침탈 이후 본격적인 전시체제를 선포함으로써 식민지 조선에 대한 수탈은 더없이 심해졌는데 그 침략상은 도시는 물론 농촌은 더 말할 나위 없었다. 이에 십자가당은 피폐한 농촌을 바라보며 경제 체제의 혁신적 조항을 당칙에 담았을 뿐 기독교 진리에 조금도 위배되지 않는 결사체였다. 하지만 일본경찰은 십자가당사건을 적색단체로 조작해 보려고 애를 썼고, 일찍이 남궁억을 주목하던 가운데 이를 발각함으로써 홍

천경찰서에서는 서류를 조작하여 그를 십자가당사건의 중심인물로 지목하여 서울검찰청에 보고하였던 것이다. 그러나 남궁억은 사사키佐佐木 검사의 취조 결과 이 사건과 아무 관련이 없음이 드러났고 보안법 위반으로 기소되었다.

홍천 지역에서 비밀결사체인 십자가당을 결성하게 된 원인으로는 무엇보다 평소 민족의식을 강조한 남궁억의 영향을 받은 지역적 특성이 가장 큰 원인이었다. 두 번째로는 홍천 지역이 감리교 교세가 강했던 지역이었던 것이 배경이 되었다. 홍천 지역의 감리교는 춘천을 통하여 들어왔다. 1897년 10월 조선남감리회선교회가 춘천을 선교 지역으로 선정한 후 1902년 이덕수 전도사가 춘천에 예배당을 건립하였고, 1908년 남감리회 춘천지부가 개설된 다음 무스J.R.Moose 목사가 부임하면서부터 춘천 지역은 감리교의 영향권에 속했다.

1910년 이전에 감리교계 여학교인 정명여학교가 설립되었고, 감리교 선교 100주년을 기념하여 춘천 지역 여성교육을 담당하는 춘천여자관이 건립되기도 하였다. 특히 홍천 지역에 전파된 감리교가 모곡리에 직접 영향을 미치기 시작한 것은 감리교 신자인 남궁억의 역할이 컸다. 남궁억은 모곡교회를 설립한 후 춘천교구에 선교사 파견을 요청하고, 기독교 이념에 따라 민족교육을 실시하였다. 그리고 춘천교구 마이어스Mary D. Myers 양의 주선으로 남감리교단으로부터 재정지원을 받아 학교를 운영하였다. 이로써 십자가당 당원과 모곡리 출신 여타 항일운동자 가운데 감리교인이 많았다.

세 번째로는 홍천 지역 감리교 서구역 담임목사이자 기독교사회주의

자인 유자훈·남천우와 김복동의 사상적 영향이 십자가당을 결성하는 데 직접적인 영향을 미쳤다. 홍천 출신 남천우(1895~1969) 목사는 3·1운동 때 홍천 만세시위를 주도하였고, 상해임시정부와 연계한 연통제와 신간회 조직에도 참여하였던 민족주의자였다. 1920년부터 남감리회 전도사로 목회를 시작하여 양구를 거쳐 1929년부터 인제 구역을 담임하고 있었다. 유자훈(1901~?)은 8세의 어린 나이에 부모를 따라 블라디보스토크로 이주하여 기독교 계통의 삼위수도원에서 수학한 다음, 1919년 봄에 러시아의 관립고등소학교를 졸업하였다. 이후 시베리아 남감리교 전도사로 사역하였고, 1922년 귀국 후 경성중앙기독교청년회관 영문과의 중등과와 협성신학교 영문과를 졸업한 후 1928년 4월부터 김영학 목사가 담임하고 있던 블라디보스토크 중앙교회 전도사 겸 시베리아 감리교 외교책임자로 일했다. 이때 유자훈은 재소한인 민족운동가들의 중심지인 신한촌에서 활동하면서 기독교계 공산주의자 겸 민족운동가들과 교류했다. 1930년 소련정부의 강제추방 당시 귀국하여 1931년 6월 연합연회에서 동부연회 홍천 지방 홍천남 구역 양덕원교회 담임자로 파송받았다가 1년 후 홍천서 구역 모곡교회 담임자로 부임하였다. 유자훈은 홍천 지역에 부임한 직후부터 기독교사회주의를 구현할 비밀단체 결성을 모색했다. 이러한 유자훈은 설교·심방을 통해 기독교사회주의를 모곡학교 출신의 진보적 기독교 청년들에게 주입하였다. 그중 모곡학교 교원을 지낸 김복동에게도 영향을 미쳤을 것이다.

1931년 5월경 김복동은 박병도朴炳道·정상규鄭祥奎와 함께 "무산 소년 작가의 친목을 도모하고, 무산 소년 문예 창작을 힘쓰고, 공산주의가 아닌 일체의 반동작품을 박멸할 것"을 목표로 무산 청소년의 단결을 도모하는 농군사農軍社라는 사회주의 비밀농민단체를 조직하였다. 그러나 입회 권유 서한이 홍천군 서면 주재소 헌병들에게 발각되어 농군사는 자진 해체되었다. 이후 김복동은 모곡리 농군사 회원들을 주축으로 농군(사)독서회를 조직하였다가 감리교 청년단체인 '홍춘엡윗청년회'로 발전하였다. 이처럼 김복동을 중심으로 농군사·농군독서회·홍춘엡윗청년회로 발전하면서 홍천 모곡리에는 기독교 비밀결사인 십자가당의 결성 분위기가 조성되었다. 결국 1930년대 홍천군 서면 모곡리에는 십자가당 결성에 필요한 여러 조건이 갖춰졌고, 기독교사회주의사상을 주장하는 유자훈 목사가 홍천에 부임하면서 비로소 기독교사회주의에 기반을 둔 비밀결사단체인 십자가당이 출현하게 되었다.

그러나 모곡학교 교장 남궁억은 십자가당의 결성에 영향은 주었지만 직접 관계를 맺지는 않았다. 유자훈과 남궁억의 관계에 대해 유자훈은 "남궁억과 친숙하게 교제하고 있을 뿐 별로 깊은 관계는 없다"고 말했던 반면, 남궁억도 "별로 깊은 관계는 없으나 유자훈은 예수교의 목사이고 나는 그 신도이므로 다만 친하게 사귀고 있을 뿐이다"며 유자훈과 '보통의 교제'를 나누는 가운데 몇 차례 사상문제를 가지고 면담했다고 말했다. 이에 대해 양인과 동시에 친했던 김복동은 "양인은 서로 주의·주장이 맞지 않으므로 그리 사이가 좋은 것은 아니다"라고 하였다. 즉 이들은 조국의 독립을 구하는 마음은 같았으나, 그 방법 즉 독립운동 노선에서는 현격한 차이를 보였기에 서로 다른 곳을 바라보았던 것이다.

고종황제의 측근에서 관직을 역임하고 친구미적 정치적 성향을 지니며, 민족주의와 자본주의를 찬동한 인물인 남궁억 입장에서 러시아 사회상에 익숙한 유자훈의 기독교사회주의를 수긍하기는 쉽지 않았을 것이다. 물론 일제는 "남궁억이 모곡학교의 교원과 졸업생들을 망라하여 독립운동을 벌이고 있다"는 혐의를 거두지 않았지만 그럼에도 남궁억이 십자가당 결성과 활동에 직접적으로 간여한 흔적은 아직 보이지 않는다.

일제의 심문조서에도 "민족주의와 공산주의를 함께 주장하는 것이 아닌가"라는 질문에 "그런 일은 없다. 나는 말하자면 민족적인 사상을 가지고는 있지만 공산주의에는 절대로 반대하고 있다. 그러나 동양도 언젠가는 멀지 않아서 공산주의 사회가 실현된다고 생각하고 있는데, 만약 공산주의 사회가 건설된다고 하더라도 수명이 길지 않다는 것은 단언할 수 있다"고 하여 자신이 공산주의와는 뜻을 같이하지 않음을 강력하게 주장하였다. 공산주의에 대한 남궁억의 의견은 더해진다.

"동양에도 공산주의가 멀지 않아서 실현된다는 것과 만약 실현되더라도 수명이 짧다는 이유는 무엇인가?"

"현재 동양 각국은 물론 조선의 현상에서 말하더라도 무산자는 9할 이상을 점하고 소위 유산자는 겨우 1할 내외일 뿐만 아니라, 그들이 매일같이 서로 싸우고 있는 현상이므로 멀지 않아서 조선에도 공산주의 사회가 실현된다는 것은 상당히 확신이 있는 것이지만 수명이 길지 않다는 이유는, 유산자는 소수이고 무산자가 다수를 점하고 있으므로 유산자가 지고 무산자가 이길 때에는 당연히 공산주의 사회가 될 것이다. 그러나 천지 만물 중에 우승열패라는 것은 원칙이다. 그래서 비록 공산주의 사회가 건설된다 하더라도 불의를 가지고 정의를 타파한 것이기 때문에 인과응보라는 원칙이기도 하지만 무산자가 우승해도 그것은 진리에서의 우승이 아니므로 수명이 짧을 것은 틀림없을 것으로 생각된다."

"그러면 그대도 공산주의에 흥미가 있는 것은 사실이 아닌가."

"앞에서 말한 바와 같이 나의 사상은 영구불변의 민족적 사상으로 공산주의 사상은 전연 가지고 있지 않다."

이처럼 남궁억은 철저하게 민족주의자임을 강조하였다.

일제 경찰의 심문조서에 따르면 십자가당의 강령은 첫째, 세계의 기독교회를 통일하고, 둘째, 적극적으로 이 지상에 공존공영하는 천국을 건설하는 것이었다. 이를 실현하기 위한 규약에 따르면 십자가당은 기독교적 인류애에 기초하여 하늘이 모든 인간에게 평등하게 부여한 자유와 권리를 향유하는 것을 지향하였다.

이처럼 십자가당은 기독교 감리교계 목사와 신자들이 '공존공향의 지상천국'을 건설하고자 기독교사회주의 이념에 따라 조직한 비밀결사단체이다. 일제의 감시가 극심하던 시기에 민족의식과 사회의식으로 무장한 기독교 신자들이 민족운동·사회운동·종교운동을 동시에 지향하는 비밀결사단체를 조직하여 일제를 타도하고 민족의 독립을 성취하고 이상적인 기독교사회를 건설하고자 모였던 사건이었다. 거기에 가담한 사람들은 모곡학교 출신자들로 감리교 목사·신자들이고, 홍천이라는 지역적 특성이 있었기에 그 지역에서 민족운동가로서 영향력을 미치고 있던 남궁억과 연관성을 거론하였던 것이나 직접적인 관련성은 없어 보인다.

수감생활 속에서 지킨 마지막 의義

체포된 후 남궁억은 모든 반일적인 죄상을 시인하고 조금도 당황하거나 뉘우침이 없이 당당하였다. 당시 신현규와 남궁억의 심문 내용이다.

"조선인은 무능한데 조선을 독립시켜준다면 능히 유지해 나갈 수 있다고 보는가?"

"천년의 역사와 문화가 있는 민족임을 알진대 어찌 무능한 민족으로 보는가?"

"조선이 꼭 독립되리라고 확신하는가?"

"우리 민족은 자고로 다른 민족을 침략한 적도 없고 혹은 침입을 당한 적은 있으나 오래지를 못했던 것이니 꼭 독립이 오리라고 확신한다."

"독립이 된다면 언제 되리라고 보는가?"

"그리 멀지 않으며 임박해 간다고 본다."

"그건 어떻게 아는가?"

"내가 보기에 일본이 지나치게 자신을 갖고 있으며 여러 열강을 멸시하기 때문이다. 일본이 너무 악하여 하나님의 심판이 분명히 있을 것이다."

이렇게 강경한 태도에 놀란 도미타富田乙松 서장은 남궁억을 서장실로 불러들여 호의를 베풀며 친절히 대했는데, 서장의 책상에는 『독립노선』이라는 영문으로 써놓은 남궁억의 책이 놓여 있었다. 서장은 책을 들척이며 공손한 투로 통역을 통해 말하였다.

"나는 선생을 잘 이해하고 있소. 그러나 대세는 이미 기울었고 조선

인도 거의 다 일본을 따라야 한다는 것을 이해하고 있는 것이 아니오. 선생도 이번에 생각을 바꾸어 전환할 생각은 없소?"

유도하려는 서장의 말에 남궁억은 정색을 하면서 끝내 뜻을 굽히지 않았다.

"내 나이가 이제 칠십이고, 다 산 몸인데 전환을 한다면 개가 웃을 일이다. 어서 법대로 할 것을 바랄뿐이다."

이리하여 남궁억은 1934년 7월, 1년 복역 3년 집행유예 선고를 받고 복역하였다.

이처럼 남궁억은 70세가 넘은 나이로 여러 차례의 심문 속에서도 자신의 소신을 결코 굽히지 않았다. 그리하여 당시 일본인이 작성한 소행조서에 따르면 남궁억을 '성질이 강하여 항상 민족사상을 가지고 있어 총독정치에 불만불평을 품고 있다'고 기록하고 있다.

"조선 민족은 지식이 없으므로 사회사정에는 전연 무관심하고 다만 호구의 방책만 얻으면 그것으로 만족하고 특히 중국을 대국이라고 하며 세계의 강국을 선망하기도 한다. 그 원인은 아무것도 모르기 때문이다. 조선도 세계 강국에 비견할 만큼 훌륭하고 고유한 역사를 가지고 있으면서도 그것을 모르고 다른 민족에게서 압박을 받거나 생활에 쫓기면서도 아무것도 생각하지 않고 막연히 있으므로 본분을 모르고 전적으로 꿈속에서 놀고 있는 것과 마찬가지다."

일제는 가련한 한국 민족이 늘 꿈속에 있다고 하면서 깨어날 것을 강조하였다.

1934년 1월 서대문형무소에 감금되었을 때의 일화이다. 하루는 노인 한 분이 면회를 와서 조용히 말을 건넸다.

"얼마나 고생을 하는 거요. 그러게 말 한마디만 하면 되는 것을 ……
쯧쯧."

대세는 이미 기울었으니 고집부리지 말라는 뜻이었다. 이 말을 들은 남궁억은 화를 벌컥 내며 소리쳤다.

"나더러 무슨 말을 하라는 거요. 그런 소리 하려거든 다시는 찾아오지 마시오."

그는 한국이 세 가지 면에서 일제로부터 압박을 받고 있다고 지적하였다. 첫째는 한국인 노동자 가운데 일본으로 노동하러 가는 사람이 격증하고 있는 것, 둘째는 많은 가족을 거느리고 북간도 방면으로 이주하고 있는 것, 셋째는 한국민족의 고혈을 착취하고 있는 것이라 지적하였다. 당시 신문지상에 보면 연일 한국인 노동자가 일본으로 도항하거나 가족을 거느리고 고국을 떠나 북간도 방면으로 생활전선을 따라가는 사람이 해마다 증가하고 있었다. 이에 남궁억은 당시 일제의 식민통치를 미화하는 일부 몰지각한 한국인과 일본인을 향하여 일침을 가하였다.

현재 정치가라는 사람은 조선의 문화 정도가 일한병합 전과 비교하면 천양의 차이가 있다거나 진실로 훌륭한 문화정치가 이룩되어 조선민족을 위해서도 다시없는 행복이라고 엉터리 말만 하고 있지만 무엇을 가지고 그런 어리석은 말을 하는지 사람의 얼굴로는 그런 말은 할 수 없을 것이다. 그 이유를 말한다면 일한병합 전에는 정치가 나쁘거나 좋거나 조선인은 조선 안에서 생활의 안정이 되었다. 그러한 후에 이런 비참한 일이

속출하는 것을 보면 말하지 않더라도 조선민족이 가혹한 정치와 그 압박을 견디지 못하고 갈 곳이 없으니 생활전선을 찾아간다는 증거가 아닌가. 이것으로써 정치가 좋다고 하거나 조선을 위하여 행복하다고 말하겠는가. 나는 결코 현재의 정치가 적당하다는 것은 꿈에도 생각할 수 없고, 어디까지나 반대한다. 관헌은 나를 일본의 노예가 되어 있는 자가 제국주의에 반대하는 것을 사람들에게 선동한다고 해서 처벌한다면 어떤 처분도 받겠으나, 내가 의를 위하여 죽는다는 것은 알아주기 바란다. 그것은 온갖 명목을 붙여서 인민으로부터 착취하는 세금은 매년 불어가는 형편이므로 조선인이 경제적 파멸을 당할 수밖에 없다. 뿐만 아니라 남선지방의 상황을 보면 토지나 산림을 조선인이 소유하고 있는 것은 얼마 되지 않고 거의 일본인의 소유로 되어 있는데, 그것은 일본인이 조선인을 구축하는 정책으로 토지는 거의 동척회사에서 점유하고, 산림은 미쓰이三#회사에서 점유하고, 기타도 모조리 일본인의 손으로 넘어가 있다. 그것은 일본인이 조선인을 구축하고 조선 내에 세력을 신장하여 전부 빼앗는다는 것을 모르는가. 아무것도 모르는 불쌍한 조선민족은 다만 눈앞의 작은 이익에 빠져서 보통 조선인 사이에서의 매매대금보다 얼마쯤 값을 더 준다는 것에 편승하여 수천 년의 조선 국토를 일본인의 손으로 넘기고, 자기는 갈 곳을 몰라 길가에서 방황하고 있는 것을 볼 때에 나와 같은 동지가 있다면 눈물을 흘리고 울지 않을 수 없을 것이다.

이 정책이 멀지 않아서 전 조선에 걸쳐서 우리 도내에도 들어올 것은 무엇보다도 명료하다. 그렇게 되면 그때에는 조선민족이 어디로 가겠는가. 다만 푸른 하늘을 쳐다보면서 눈물을 흘릴 뿐으로 하늘이 이 민족을 구제해 줄 기회를 기대하고 있을 뿐이다. 아무리 하늘이 무정하다고 하더라도 조선민족을 이대로 죽이지는 않는다고 생각한다.

남궁억은 한일병탄이 일제의 강압에 의해 무력으로 자행되었음을 정확히 지적하였다. 협박에 견디지 못하여 정권을 넘겨준 것이므로 하늘이 언젠가는 공평무사한 판단을 내려 줄 것이라고 확신하고 있었다. 그러면서도 일부 몰지각한 사람들이 일제의 식민통치를 미화하는 것에 대해 분명하게 꼬집어 비판하고 있다.

심문하는 자리에서 본인에게 유익이 될 만한 진술을 하라는 순사 신현규의 말에 남궁억은 조금도 주저함 없이 말했다.

별로 이익이 될 것도 없고 해가 될 것도 없지만 조선민족으로서 민족에 정신을 가지고 민족주의를 주장하는 것이 무엇이 나쁜가. 하여튼 나의 죄로 벌을 받더라도 죽어도 조금도 아까울 것은 없으나 무엇보다도 조선민족을 그대로 두고 내가 죽는다는 것만이 무엇보다도 안타깝다. 지금이라도 조선민족의 비참한 실정을 말한다면 온몸이 전율하여 견딜 수가 없으니 그 점만은 생각해주기 바란다. 조선민족을 위한 것이라면 지금 죽어도 좋으니 불쌍한 민족만 구해 준다면 그것으로 만족한다.

이처럼 수감 중에도 전혀 자기 뜻을 굽히지 않던 남궁억은 둘째 사위 윤광선尹光善이 조선일보사 송병휘와 함께 검찰청에 보석원을 신청하고, 경성부윤의 비서인 정재흡鄭在洽이 주선하고, 사돈인 윤치호의 신변보증으로 1935년 가을 병보석으로 석방되었다. 당시 남궁억의 석방에는 윤치호의 영향이 컸음을 윤치호의 일기의 한 대목을 통해 알 수 있다.

남궁억 사건 담당판사의 요청으로 그를 면담했다. 판사는 남궁억 씨가 연로한데다, 정치에 관한 언행을 삼가고 글이나 쓰면서 여생을 보내겠다는 속내를 비쳤으므로, 남궁억 씨를 보석으로 석방할 생각이라고 말했다. 판사는 남궁억 씨에게 근신할 것과 어떤 사안이 발생할 경우 쉽게 연락할 수 있는 곳에 머물 것을 주지시켜 달라고 내게 제안했다. 난 남궁억 씨가 다시는 판사에게 염려를 끼칠 만한 행동을 하지 않도록 조처하겠다고 말했다.

형을 사는 동안 남궁억은 치질로 옷이 피투성이가 되었다. 그러나 이러한 고통을 감내하면서도 면회 오는 사람들을 위로했다.
"나는 이렇게 좋은 데서 편안히 잘 있는데 뭐하러 찾아 왔느냐."
먹을 것을 차입해드리려고 하면 꾸짖어 거절하였다.
"이런 형편에 이만큼 잘 먹고 잘 사는데 무슨 호의호식을 하겠느냐."
수감생활 1년 6개월 만에 병보석으로 출옥한 남궁억은 출옥 후 병약해져 즉시 모곡으로 갈 수 없었다. 그는 평소 친분이 있던 송병휘 집에서 한 달 동안 두 내외의 극진한 간호를 받은 후 둘째 딸 남궁자경의 집으로 가서 3개월 동안 머물며 건강을 회복하였다. 웬만큼 건강이 회복되어 모곡으로 가기 위해 경기도 가평에 도착했을 때 일이다. 그의 석방 소식을 전해 들은 마을 사람들이 사륜교를 보내 모셔 오려 했다.
"나라를 빼앗겨 고생하는 백성이 무슨 가마며 양반과 상놈이 무슨 말이냐! 하루 5리를 가더라도 걸어가겠다."

　가정리까지 강을 따라 걸어 올라가 이순삼이란 분의 여인숙에서 하룻밤을 묵고 다음날 나룻배를 타고 건너 쑥대밭이 되어버린 모곡학교 무궁화동산으로 돌아갔다.

　남궁억이 일경에게 체포되어 감옥에 수감된 뒤 그의 피와 땀으로 유지되어오던 모곡학교는 일대 위기를 겪게 되었다. 퇴학생들이 날로 늘어가고 교원들까지 경질됨으로써 모곡학교는 폐교 위기에 놓이게 되었다. 정구환鄭久煥·김남수金南洙·김창성金昌成 등이 서대문형무소에 수감되어 있는 남궁억을 찾아와 학교의 경영권과 토지 재산을 이양하라고 하였다. 그러나 끝내 이양 증서에 도장을 찍지 않자 두세 번 면회를 신청해 들어와서 찍을 것을 강요했다. 어렵게 도장을 받은 이들은 토지를 5천 환에 팔았고 공립보통학교로 변경하였으나 동네 사람들이 반항하여 자녀들을 다른 학교로 보내자 더 이상 그 상태로는 학교를 유지할 수 없어 도리소보통학교로 병합해 버리고 말았다.

　남궁억은 병보석으로 풀려난 뒤 다시 보리울로 돌아와 교회사업에 힘을 썼다. 이로 인해 모곡교회에 새로운 진흥운동이 일어났다. 이를 『감리회보』 1934년 12월 10일에 「모곡교회 진흥운동」이란 제목으로 다음과 같이 전하고 있다.

　피폐하여 가는 모곡교회는 이제 새로운 뜻과 새로운 방식으로 교회의 진흥, 교역자 문제의 해결, 교인생활 문제의 해결을 위하여 교회 전부가 분기하게 되었다. 오랫동안 고생하시던 남궁억 씨가 출감한 후 그의 생활

공립 모곡학교 제4회 졸업식(1938)

의 여유가 있는 것은 마음과 뜻과 아울러 물질까지 교회를 위하여 내놓으시기로 결심하셨는데 그를 도와 완전히 교회에 헌신한 교우들도 다수며 그 방침은 ① 성심으로 주를 봉사하고 완전무결한 신앙생활을 하고 가족 합심 외인 인도에 조금도 태만치 않을 것, ② 교역자 문제는 자치를 목표로 하고 자치회를 확립하며 기금을 활동하야 토지를 매입하야 해결하려고 활동 중이며, ③ 농촌부업과 농업을 다각적으로 장려하되 고리대금을 정리시키고 농토문제를 해결시키며 자금과 농량문제 등을 잘 해결하여 주고 5개년 계획으로 완전히 자립생활을 하도록 교인 전부를 지도할 것이다. 이러한 방침으로 교인 전부는 서약하고 남궁억 선생과 교회

목사인 박금산 씨와 리기섭 씨와 김춘강 씨의 지도를 따라 일치단결하야 완전한 이상향을 건설하기에 지금 열렬한 활동 중이다.

- 박금산 통신

이러한 진흥운동으로 모곡교회에서는 다시 교회학교가 조직되었고 재정적 자립을 위한 자치회도 조직되어 활동하였다. 그러나 곧 활동의 근거지였던 모곡학교 교장도 그만두었고, 세상을 뜰 때까지 그의 행적은 거의 알려진 바가 없다.

그러나 얼마 되지 않아 옥중생활에서 고문과 부실한 섭생으로 건강을 아주 잃어버려 좀처럼 병세가 나아지지 않았다. 도리어 병세는 시간이 갈수록 악화하였고 이내 회복되지 못하여 1939년 4월 5일 오전에 별 고통 없이 몇 마디 유언을 남기고 향년 77세로 숨을 거두었다.

남궁억의 소천 기사가 『동아일보』 1939년 4월 7일자에 실렸다.

남궁억 씨 자택에서 영면

조선어문계의 선구자로 사회의 존경을 받아오던 한서 남궁억 씨는 그동안 숙환으로 강원도 홍천군 서면 모곡리 자택에서 요양했으나 약효 없이 [1939년 4월 5일] 오전 8시 50분 영면하였다. 남궁억 씨는 향년 75세로 일찍이 황성신문사 초대사장으로 조선신문의 초창기에 있어서 민본의 앞잡이가 되었었고 72인 사건에 연좌되어 영어의 신세를 겪고 그 후 론 종교사업과 교육사업에 오로지 종사하다가 말년에는 남궁억 씨의 향제에 모곡학원을 경영한 일도 있다. 유족으로 사자 남궁염 군이 지금 미국 뉴욕에서 실업에 종사하고 있고 따님 한 분이 있을 뿐이다. 호상소護喪所는 부내 종로기독청년회관 안에 두고 호상은 구자옥具滋玉 씨가 맡아 보기로 되었고, 행장行葬거행은 9일에 자택에서 한다.

평소 이상재 선생은 보통 사람 이상으로 건강한 남궁억을 가끔 서울에서 만나면 "자네야말로 홍안백발일세. 아마 백 살은 살 것 일세"하고 부러워했다. 그러나 그랬던 남궁억도 보리울 무궁화사건으로 일본 경찰에게 체포되면서 홍천경찰서에서 구금당하고 서대문형무소 옥중생활 동안 갖은 고문을 받으며 건강을 잃었다. 74세에 병보석으로 겨우 풀려났으나, 그 후 딸들의 정성스러운 돌봄에도 병세가 악화되어 끝내 회복하지 못하고 말았다.

"내가 죽거든 무덤을 만들지 말고 과목 밑에다 묻어서 거름이나 되게 하라."

남궁억은 평소 말한 대로 조카되는 돈燉에게 자신이 농사를 짓던 논 일곱 마지기를 주라고 유언하고 고이 잠들었다. 죽은 후에도 무덤 속에 편히 잠들기보다는 썩어 거름이 되어 이 땅의 과목에 유익을 주고 싶어 했던 그의 마음은 바로 우리 민족을 위해 마지막까지 헌신하고픈 그의 애국심의 또 다른 표현이었을 것이다.

그는 가까운 제자들에게 기회가 있을 때마다 간곡하게 부탁하셨다.

"나는 독립을 위하여 일하지만 너희는 반드시 독립을 볼 것이니 독립 후의 일을 위하여 준비하라."

독립이 이루어진다고 해서 모든 문제가 해결되는 것이 아니라고 강조한 남궁억은 언제나 한 걸음 앞서 생각하고 그 길을 열어갔던 그 시대의 진정한 리더였다.

일찍이 한국을 떠나 살던 아들 남궁염은 아버지가 소천하자 처음으로 귀국하여 장례를 모셨다. 평소 무덤을 만들지 말고 과목 밑에 묻어 거름이나 되게 하라는 유언을 남겼으나 차마 그의 뜻을 받들지 못한 남은 자들의 정성으로 그의 묘는 동바우골에 마련했다가 1977년 12월 정부의 독립유공자 선양사업의 일환으로 평소 새벽기도를 드리던 유리봉 중턱에 묘역을 조성하였다. 묘역은 3단으로 꾸며졌는데 맨 위엔 부인 양혜덕 여사와 함께 합장되어 있고 그 아래엔 그의 장남 남궁염이 묻혀 있다. 1937년 부인이 먼저 죽었을 때도 주변 사람들의 강한 만류에도 불구하고 행려병자를 모시듯 상여도 없이 관으로 옮겨 공동묘지에 모셨는데, 이때 합장을 한 것이다. 묘역은 무궁화로 잘 가꾸어져 있으며 강원도 지방문화재 기념물 제77호로 지정되어 현재 홍천군에서 관리하고 있다.

그 아래로 남궁억 선생의 얼을 기리기 위해 제자 김우종 목사를 중심으로 마을 사람들이 세운 한서초등학교가 있다. 이 산 정상에 남궁억의 기도처를 기념하여 세운 제자들의 작은 비문엔 양양군수 시절 신임군수 환영회 석상에서 즉석으로 읊은 「독립의 노래」와 함께 남궁억의 마지막 유언인 "내가 죽거든 무덤을 만들지 말고 과목나무 밑에 묻어 거름이나 되게 하라"는 말이 새겨져 있다.

남궁억이 소천한 지 6년 뒤 조국은 드디어 광복을 맞이하였다. 살아생전 그리도 원하던 조국의 광복을 보지 못하고 돌아가신 선생을 기리며 제자·동지들이 뜻을 모아 학교를 다시 세우고 동상과 비를 세워 영원히 기념하려 하였다. 이때 비문의 글은 이은상, 글씨는 이철경이 썼고 1966년 4월 5일, 한서선생기념사업회 주최로 비를 세웠다.

> 꿈속에도 비시던 일 다만 하나 조국 광복
> 바로 그 나라외다 새 나라를 세웠소이다
> 오늘은 땅 아래서나마 한번 빙그레 웃어 주소서
> 땀과 눈물 뿌리신 곳 정성 기도 어린 곳에
> 거룩한 뜻을 이어 새 학교를 세웠소이다
> 님이여 우리랑 하냥 길이 여기 같이 곕소서

해방 후 남궁억에게 대한민국장(1962)과 대한민국 건국국민장(1977)이 주어졌다. 홍천읍 연봉리에는 무궁화공원과 시비가 세워져 남궁억을 추모하고 있으며, 홍천군에서는 매년 10월에 한서문화제(현재 무궁화축제)를 열어 그의 애국정신을 기리고 있다. 남궁억의 제자들은 일찍이 한서초등학교와 중학교를 세워 어린아이들에게 선생의 얼과 사상을 심어주려고 힘써왔다. 현재 옛 모곡학교와 모곡교회 터에는 한서기념관과 옛 예배당, 한서기념교회 등이 세워졌고, 무궁화동산·유리봉 묘역이 조성되어 있다. 그리고 한서기념교회에서는 남궁억의 신앙과 나라사랑 정신을 이어받아 서로사랑학교를 운영하고 있다.

해방과 더불어 남궁억의 위대한 교육이념을 계승하고자 김우종金宇鍾 선생을 비롯하여 여러 제자들의 발기로 1940년 이전의 모곡학교를

남궁억 묘소와 묘비

한서 남궁억 선생 기도상

남궁억 장남 남궁염 묘소

다시 세우기 위해 재건위원회를 조직하였다. 면민들이 적극 협조하여 1946년 12월 25일 인가를 받아 1947년 4월 6일 공회당을 가교사로 하여 감격에 겨운 개교식을 거행하였다. 동시에 재건기성회로 명칭을 바꾸어 경향 각지의 유지들을 모아 남궁억의 뜻을 받들어 사업을 전개하였다.

그리하여 모곡리 492번지에 부지를 3,500평을 매입, 4,500,000환의 총경비를 들여 125평의 교사를 신축하고 남궁억 선생의 호를 따서 한서국민학교(현재 한서초등학교)라 명명하였다. 한서국민학교의 초대 교장은 김성진金聲振이 맡았고, 2대에 용환각龍煥珏, 3대에 최상화崔上和, 4대에 길

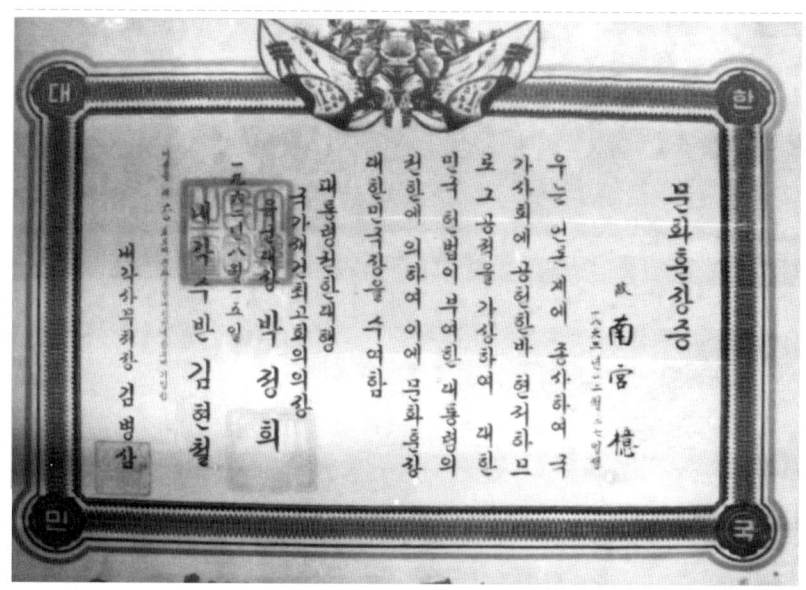

문화훈장 표창장

동순吉東順, 5대에 여두현呂斗鉉이 맡았고 2012년 현재 제20대 정석현 교장이 부임하여 재직하고 있으며 65회 졸업생을 배출하였다.

　이어 1954년 7월 3일엔 한서중학교를 설립하고자 기성회를 발족하였다. 남궁억의 숭고한 정신과 애국애족 사상을 기조로 하여 초등교육뿐만 아니라 중등·고등 교육까지 연장해 확고한 교육체계를 통해 남궁억의 얼과 정신을 이어가게 하자는 취지였다. 제자인 김우중 선생의 헌신적인 노력이 있었기에 가능했다. 한서중학교는 발족 당시 한서국민학교 부지 안에 약 30평의 초가 가교사에서 1954년 12월 11일 개교식을 거행하여 수업을 시작하였다. 1959년 9월 23일 옛날 모곡학교 자리의

한서기념관

새로 지은 한서교회

한서초등학교 전경

서편 풀무고개에다 부지 4,506평을 매입하고 건평 175평의 새 교사를 신축했다. 그리고 1956년 제1회 졸업생을 배출하였다. 초대 교장은 최봉현崔鳳鉉, 2대는 김윤기金允箕가 맡았다.

이렇듯 보리울에서 행한 교육사업과 함께 서울에서도 제자인 조용구趙鏞九 선생이 1934년 배명중학교와 배명고등학교를 손수 창설하고 신당동 무학봉 기슭에 천여 평의 기지에 철근 콘크리트 3층으로 웅장한 교사를 세워 1,500여 명의 학생들에게 옛 스승 남궁억의 교육이념을 받들어 가르쳤다.

09 글을 마치면서

1931년 서울 연희전문학교에서 졸업식에 고사(告辭)를 해달라는 부탁을 해왔다. 때는 추위가 기승을 부리는 2월 초순이었다. 당시 모곡학교 출신으로 교무주임을 맡아보던 조용구와 함께 길을 나섰다. 보리울에서 서울 연희전문학교까지 거리는 만만치 않았다. 당장에 산길을 걸어 놀미재(녹령鹿嶺)라는 고개를 넘어야 했다. 겨우내 쌓인 눈이 아직 녹지 않은 눈길을 헤치고 가는 걸음은 만만치 않았다.

"서울까지 300리는 될 텐데 이제 그만 차를 타고 가시죠."

제자는 살며시 수차례 권해보지만 남궁억은 조금의 미동함도 없었다.

"우리 손으로 만들면 그때나 타세."

이 한마디로 단호하게 의사를 표현하고는 3일 내내 300리를 걸어 학교에 도착하였다. 일흔이 다 된 노인이 추운 겨울 산길을 걸어 그 먼 거리를 왔던 것이다.

엄동설한 300리 길을 걸어 단상에 오른 남궁억의 모습은 강당 가득한 학생과 선생들에게 말 없는 충격이었다. 졸업장 수여가 끝난 다음 학교장의 훈사에 이어 남궁억의 고사 차례가 되었다. 무명 바지저고리에 무명 두루마기를 입고 미투리 신을 신은 한 노인이 농립을 걸상에 걸쳐 두고 귀빈석에서 일어섰다. 장내는 한층 숙연해졌다.

여러분! 내가 우리 집에서 여러분을 보려고 놀미재라는 높은 고개를 넘을 때 무릎까지 빠지는 눈길을 걸어오면서 앞서 간 사람의 발자국만 따라왔습니다. 개울길에 들어서니 아무리 생각해 보아도 길이 아닌 곳으로 발자국이 났으므로 나는 그 자국을 따라가지 않고 내가 잘 아는 산길이기 때문에 제대로 된 길을 찾아서 생눈을 뚫고 가며 발자국을 내어 놓아 내 뒤에 오는 사람은 내 자국을 따라서 오도록 하였습니다.
이제 변변치 않은 이야기지만, 우리나라에서 여러분만치 고등교육을 받은 사람은 한 면에 하나가 있을까 말까 할 정도로 불행하게도 희귀한 숫자를 가진 국보적 존재입니다. 여러분이 남이 못하는 학문을 했기에 그만치 무거운 사명감을 느껴야 한다고 생각합니다. 여러분은 대개가 농촌에서 왔을 것입니다. 그러므로 그 사정을 잘 알 줄 압니다. 교문을 나서는 여러분이 옮기려는 발길의 방향이 어디입니까?
교육의 혜택도 문화의 혜택도 없으며 대부분이 결식 상태에서 빼빼 마르고 핏기없는 창백한 얼굴을 가진 그들은 목자 없이 방황하고 있습니다. 여러분은 이 어린 양들을 구하려고 내 고장의 농촌으로 달려가지 않으렵니까?
오히려 우리는 강자를 도와서 부스러기 권세에 만족해할 것이 아니라 약자를 살려 주고 같이 강한 것이 우리의 할 일이라고 생각합니다. 여러분 졸업생들에게 간절한 부탁은 내가 산속의 눈길을 걸을 때 생눈을 뚫고 원길을 찾아서 걸은 것처럼 여러분이 바로 걸어야 뒤에 따르는 사람도 바른길을 걸을 것이니 본래의 갈 길을 갈 수 있는 사람이 되기를 바란다는 것입니다.

장내는 숨소리조차 들리지 않을 정도로 한껏 긴장해 있었다. 이 격려사를 들은 학생들 모두 얼굴을 깊이 숙이고 남궁억의 한 말씀 한 말씀을 가슴 깊이 새기었다. 남몰래 감격의 눈물을 흘리는 이도 있었다.

이렇듯 한서 남궁억은 대한제국기와 일제강점기에 공직자·언론인·교육자·종교인으로서 다양한 활동을 벌였으며, 누구 못지않게 지속적이고 열정적으로 민족정신을 일깨우기 위해 평생을 노력하였다. 남궁억은 '개혁가'라기보다 '계몽가'였으며 명분과 실리, 현실과 이상, 보수와 진보 사이에서 고민과 방황하며 민족을 계몽하기 위해 부단히 노력하였던 '계몽실천가'였다. '삼천리'와 '무궁화'를 화두로 창가 보급과 무궁화 보급운동에 심혈을 기울여 무궁화 사랑이 곧 나라 사랑임을 몸소 보여주었다. 철저하게 기독교 정신에 입각하여 몸소 실천하는 독실한 신앙인, 청렴하고 강직한 정치가, 자주독립과 국권회복을 위해 노력한 민족운동가, 민중을 계몽하고 바른 의식을 심어주기 위해 애쓴 언론인, 역사책을 비롯하여 서체본과 많은 작사를 한 저술가로서 조금의 게으름도 없이 부지런하고 성실하게 맡겨준 사명을 감당했다. 당시 수많은 민족운동가가 처음과는 달리 변절하고 부끄러운 삶 속에서 소리 없이 사라져갔다. 그렇지만 남궁억은 끝까지 자신의 지조를 굽히지 않고 민족과 교회를 위해 헌신하는 삶을 살았던 우리가 기억해 두어야 할 이 시대의 참다운 지식인이자 스승이다.

남궁억의 삶과 자취

1863. 12. 27	서울 정동 왜송골에서 철종 때 무과 중추도사를 지낸 남궁영 씨와 덕수 이씨 사이 열두 남매 중 독자로 출생. 명문가의 자손으로 태어났으나 불행히도 아버지를 일찍 잃어 홀어머니 슬하에서 가난과 싸우며 자람. 본관은 함열, 이름은 억, 자는 치만, 호는 한서
1868	이웃 이사과댁 독서생에게 '어깨너머 글공부'를 시작
1874	정식으로 한문사숙에 입학
1878	두 살 연상 양혜덕과 결혼. 슬하에 3남매(남궁염·남궁숙경·남궁자경)를 둠
1883. 9	서울 재동에 설립된 관립 영어학교 동문학에 입학. 송달현·주우남과 함께 영어공부에 열중하여 1884년 6월에 우등생으로 졸업
1884	독일인 묄렌도르프의 추천을 받아 경성 총해관에 견습생 자격으로 들어감
1886. 2	내아문 부주사로 임명되어 우리나라 최초의 통역관이자 고종황제의 어전 영어 통역관으로 관직생활의 첫 출발을 시작
1887	독일·영국·러시아·미국·이탈리아·프랑스 등 구미 6개국 순방 전권대신에 조민희가 임명되었을 때, 통역 서기관으로 수행. 일행 6인이 인천에서 홍콩까지 갔으나 청국 정부의 완강한 간섭으로 2년간 홍콩에 체류하면서 민영익을 만나 국내외

	정보를 입수, 그 후 일행과 함께 귀국
1889. 1	어명으로 궁내부 별군직에 임명되어 4년 동안 고종황제를 모시며 각별한 총애를 받음. 재임 동안에 고종이 팔판동에 있는 주택을 하사
1893. 4. 4	경상도 칠곡부사로 임명받고 임지로 내려가 가렴주구를 일삼는 지방관리와 행정을 바로잡음. 4년 만에 사임하고 서울로 돌아옴. 그동안 어명으로 순무사가 되어 동학군 평정에 힘씀
1895	궁내부 토목국장이 되어 수도 한성의 근대화에 힘을 기울임. 종로와 정동 일대 및 육조 앞 남대문 사이의 도로를 확장 정비함과 동시에 탑골공원을 조성. 이즈음 때마침 급진적인 개혁에 반대하는 권대형 외 300여 명의 반란을 진정키 위하여 선유사로 파견
1896	선유사로 활동
	일시 관직에서 물러난 남궁억은 서재필 등과 함께 독립협회를 조직하여 협회의 수석 총무와 사법위원을 맡아 일함. 협회 기관지 『독립신문』 영문편집에도 종사
	12월에 창간된 독립협회의 격월간지 『대조선독립협회회보』 간행에도 참여. 독립협회 설립에 간여하고 간사원·서기·사법위원·총대위원으로 활동하던 중 두 번 구속
1898. 9	1898년 3월 8일자로 정부의 정식 인가를 받은 『황성신문』을 창간하여 사장 겸 주필이 됨. 『황성신문』은 그 당시 순수한 우리나라 사람들로 만들어진 일간신문
1899	우리나라 고전古錢과 우표 수집에 온갖 힘을 기울여, 10년 동안 수집한 것을 집대성하여 1931년 연희전문학교 박물관에 기증

1900. 8	러일의 한국분할설을 일본신문에서 전재하여 러시아의 침략 근성을 공박하는 동시에 일본이 이에 응하지 않은 심사를 토로하는 논평을 『황성신문』에 실었다 하여 두 번째로 경무청에 구금되었다가 20여일만에 석방
1902. 5	러일협정의 부당함을 논박한 사설로 5월 8일 총무 나수연과 함께 또다시 구속. 심한 고문을 받다가 9월 11일에 석방
1903	황성신문사 사장직 사임. 4월에 영관을 지낸 유동근이 황성신문사 남궁억 사장과 나수연 총무가 일본에 망명해 있는 박영효 등과 공모하여 의병을 일으키기로 했다는 터무니없는 모함을 하여 다시 구속. 그 진상이 밝혀져 4개월 만에 석방. 황성기독교청년회 회원 겸 이사위원에 선정
1905. 3	다시 관직을 맡아 경상도 성주목사로 부임하여 성주지방에 선정을 베풂. 때마침 경상도 관찰사인 이근택의 불의한 요구를 받아들이지 않아 1906년 9월에 성주목사를 사임하고 귀경
1906. 1	을사늑약이 체결된 후 건강이 극히 쇠약해져 휴양도 할 겸 강원도 양양군수로 부임
7. 20	양양군수로 있으면서 모아들인 기부금과 문중의 재산 등 4천환을 재원으로 삼아 양양의 동헌 뒷산에 현산학교(현 양양초등학교)를 세워 산골 농민들을 깨우침. 조림사업 장려하여 강산면·도촌면 일대에 해송 식목
1907. 9	군수직을 맡은 지 1년 8개월 만인 1907년 9월에 양양군수직을 사임하면서 남궁억의 관직생활은 마침
11	통감정치를 반대하여 만들어진 정치단체인 대한협회의 회장에 취임. 일본인들의 간섭과 정부의 압력으로 유명무실한 모임이 되어 1908년 12월에 사임

	외아들 남궁염이 수학차 미국으로 건너감
1908. 4	관동학회의 회장에 피선, 강원도 관내 교육 보급을 위해 노력
6. 25	학교에 다니지 못하는 청소년들을 위해 통신강의록『교육월보』제1호를 발행함
1910. 11	교육을 통해 민족의식과 독립사상을 고취하기 위해 배화학당에서 교편생활 시작. 이 무렵 윤치호의 권유로 종교교회에서 세례받고 입교. 한일병탄이 되자 유원표·윤치호·박은식·노백린·양기탁·홍성실·조만식 등과 외채보상을 위해 모은 돈으로 민립대학을 건립하고자 기성회를 발기하였으나 뜻을 이루지 못함
1912	배화학당에 재직하면서 상동청년학원장을 겸하고 청년들에게 야간 수업을 하며 민족의식을 고취시킴
1913. 4	도쿄에서 열린 한일YMCA 대표자회의에 참석(조선연합회 대표로 남궁억·이상재·신흥우·언더우드·에비슨)
1914	가정학 교과서인『가정교육』을 엮어내는 한편『신편언문체법』이라는 한글 서체 교과서를 간행
1915	종교교회에서 남감리회 본처전도사로 임명
1918	심신이 쇠약해져 친지들의 권고에 따라 선향인 홍천군 서면 모곡리(보리울)로 내려감
1919. 9	사재를 들여 대지 5,200평을 매입하여 10칸짜리 기와예배당을 지어 복음전도를 함과 동시에 예배당을 이용하여 4년제 보통학교 정도의 모곡학교를 세워 농촌의 청소년 교육에 주력함. 현재 예배당 터에는 한서기념관이 세워졌고 그 옆에 옛 예배당 크기의 건물이 복원
1923. 9	모곡학교의 확장을 위해 춘천 주재 남감리교 선교부와 홍천군

	유지들의 힘을 얻어 100여 평의 새 교사와 기숙사를 완성. 모곡학교 제1회 졸업생을 배출
1924	『동사략』 전 4권을 저술하여 비밀리에 배포
1925. 3	모곡학교가 4년제에서 6년제 사립학교로 인가를 얻음. 무궁화 묘포를 경영하여 무궁화 나무 보급에 힘씀
1929. 4	청소년용 역사 사화집 『조선니약이』 전 5권을 저술하여 비밀리에 배포
1933. 11. 4	비밀결사단체인 십자당사건으로 구금되어 서대문형무소에서 옥고를 치름. 사립 모곡학교 폐교, 학교 교사와 무궁화 묘포장이 짓밟힘
1934. 7	1년 복역 3년 집행유예로 형 확정
1935(가을)	병보석으로 석방
1939. 4. 5	출옥 후 병고에 시달리다 자택에서 별세

참고문헌

사료

- 『기독신보』, 『독립신문』, 『동아일보』, 『매일신보』, 『조선일보』, 『황성신문』.
- 『감리회보』, 『개벽』, 『교남교육회잡지』, 『교육월보』, 『남감리교조선연회록』, 『대조선독립협회회보』, 『대한협회회보』, 『동광』, 『별건곤』.
- 『각사등록(근대편)』, 『사상휘보』.
- 국사편찬위원회, 『한민족독립운동사자료집』 47·48, 2001.
- 「남궁억 심문조서」.
- 남궁억, 『가정교육』, 유일서관, 1914.
- 남궁억, 『신편언문체법』, 1914.
- 남궁억, 『조선니약이』 전 5권, 1929.
- 정교, 『대한계년사』, 국사편찬위원회, 1955.

단행본

- 김상태, 『윤치호 일기』, 역사비평사, 2001.
- 김선양, 『현대한국교육사상사』, 한국학술정보, 2004.
- 김세한, 『한서 남궁억 선생의 생애』, 한서 남궁억선생기념사업회, 1960.
- 남궁억 지음(한서기념관 엮음), 『무궁화 선비 남궁억』, KIATS, 2010.
- 성백걸, 『배화백년사』, 배화학원, 1999.
- 송길섭 외, 『상동교회를 중심으로 활동한 나라와 교회를 빛낸 이들』, 기독교대한감리회상동교회, 1988.
- 윤형섭, 『보리울1·2 – 한서 남궁억의 생애를 통해 본 질곡의 근현대사』, 향지, 2010.

- 이덕주,『종교교회사』, 도서출판 종교교회, 2005.
- 이덕주,『춘천중앙교회사(1898~2006)』, 춘천중앙교회, 2007.
- 현재호,『삼천리 반도 금수강산 하나님 주신 동산』, 홍천군, 1999.

논문 및 기타

- 강대덕,「한서 남궁억의 무궁화 사랑과 민족교육」,『강원문화사연구』15, 강원향토문화연구회, 2010.
- 강흥선,「한서 남궁억의『조선니약이』교과서 내용분석」,『소헌 남도영 박사 고희기념 역사학논총』, 민족문화사, 1993.
- 길창근,「한서 남궁억의 생애와 교육사상에 대한 고찰」,『장안논총』13, 장안전문대학, 1993.
- 김동면,「한서 남궁억의 역사관」,『한국사연구』46, 한국사연구회, 1984.
- 김세한,「한서 선생 일화」,『나라사랑』11, 외솔회, 1973.
- 김세한,「한서 선생의 시가 : 시가를 통해서 본 한서 선생의 구국사상」,『나라사랑』11, 외솔회, 1973.
- 김우종,「독립운동가로서의 한서 선생 : 전 생애를 일관한 구국 사회 계몽운동」,『나라사랑』11, 외솔회, 1973.
- 류달영,「저작을 통해 본 한서 선생 :『조선니약이』『동사략』을 중심으로」,『나라사랑』11, 외솔회, 1973.
- 류승렬,「남궁억」,『63인의 역사학자가 쓴 한국사인물열전』3, 돌베개, 2003.
- 박걸순,「1920년대 한국사 통사의 구성과 성격」,『식민지 시기의 역사학과 역사인식』, 경인문화사, 2004.
- 손인수,「교육자로서의 한서 선생 : 민족교육, 애국계몽운동을 중심으로」,『나라사랑』11, 외솔회, 1973.
- 송준석,「남궁억의 여성교육사상에 관한 연구 : 배화학당 시절을 중심으로」,『한남교육연구』2, 1994.

- 오영섭, 「1930년대 전반 홍천의 십자가당사건과 기독교사회주의」, 『한국민족운동사연구』 33, 2002.
- 오영섭, 「남궁억과 홍천 십자가당사건」, 『남궁억 장로 추모기도회 및 강연회 자료집』, 감리교신학대 역사자료관, 2003.
- 윤춘병, 「한서 남궁억의 생애와 민족운동」, 『남궁억 장로 추모기도회 및 강연회 자료집』, 감리교신학대 역사자료관, 2003.
- 이광린, 「한서 남궁억(1863~1939)」, 『개화기의 인물』, 연세대출판부, 1993.
- 이덕주, 「겨레의 얼 무궁화로 심어」, 『남궁억 장로 추모기도회 및 강연회 자료집』, 감리교신학대 역사자료관, 2003.
- 이만열, 「민족사학」, 『한국사』 22, 국사편찬위원회, 1981.
- 이시용, 「한서 남궁억의 교육사상」, 『논문집』 26-2, 인천교육대학, 1992.
- 이영남, 「남궁억의 역사교육관」, 『한국근현대 이행기 사회연구』, 신서원, 2000.
- 이종철, 「한서 남궁억의 민족운동에 대한 고찰」, 『논문집』 14, 서울여대, 1985.
- 임근수, 「언론인으로서의 한서 선생 : 근대 신문사에 남긴 한서 선생의 언론활동」, 『나라사랑』 11, 외솔회, 1973.
- 장덕삼, 「근대 민족교육의 토대를 제공한 실천적 교육사상가 한서 남궁억」, 『새교육』 496, 한국교육신문사, 1996.
- 장덕삼, 「한서 남궁억의 민족교육 사상에 대한 일고찰」, 『교육연구』 12, 원광대 교육문제연구소, 1993.
- 장덕삼, 「남궁억의 민족교육사상연구」, 홍익대 박사학위논문, 1994.
- 장덕삼, 「남궁억의 항일 계몽교육운동에 관한 고찰」, 『교육연구』 16, 원광대 교육문제연구소, 1997.
- 조용구, 「한서선생 일대기」, 『나라사랑』 11, 외솔회, 1973.
- 조이제, 「남궁억의 생애와 사상」, 『남궁억 장로 추모기도회 및 강연회 자료집』, 감리교신학대 역사자료관, 2003.

- 피정만, 「한서 남궁억과 강원도 근대교육」, 『강원문화연구』 11, 강원대 강원문화연구소, 1992.
- 하지연, 「한말 한서 남궁억의 정치, 언론 활동 연구」, 『이화사학연구』 31, 이화사학연구소, 2004.
- 한규무, 「한서 남궁억의 신앙과 활동에 대한 몇 가지 문제」, 『한국기독교역사연구소소식』 69, 2005.
- 한규무, 「한서 남궁억의 사상과 활동」, 『역사와 경계』 54, 부산경남사학회, 2005.

찾아보기

ㄱ

가와하시 154
가정교육 80, 82, 91
『가정교육』 82, 83
『강감찬전』 135
강조원 79
강화석 44
개교식 182
개화사상 18, 67, 69
경찰권 53
계몽실천가 188
고리대금 176
고사 186, 187
고토수복정신 143
공산주의 161, 165, 167
공존공향의 지상천국 160, 168
곽을룡 156
관동학생친목총회 61
관동학회 60
교남학회 60
교육사업 177, 185
『교육월보』 42, 62, 63
교육이념 185
교회사업 175
교회학교 177
구자옥 79, 178

국문연구회 60
국민교육회 60
국사교육 126
군민회 26
군왕부 130, 131, 135, 141, 142
권근 129
권대형 30
기다니 157
기독교사회주의 160, 164~168
「기러기 노래」 96
기호학회 60
길동순 182
길영수 40
김개남 23
김경환 159, 161
김구 93
김남수 175
김명제 60
김복동 129, 157, 161, 163, 165, 166
김부식 129
김성규 18
김성진 182
김연태 109
김영준 98
김영학 165
김우종 127, 179, 180
김우중 183

김윤기　185
김재인　159, 161
김정근　39
김창성　175
김춘강　145, 177
김홍집　29

ㄴ

나수연　37, 44, 47, 50, 52
나카노　156
남궁경숙　157, 161
남궁근　157
남궁숙경　15, 140
남궁식　157, 161
남궁염　15, 50, 179
남궁영　12
남궁완　24
남궁자경　15, 70, 75, 140, 174
남궁현　129, 145, 157
남궁훈　18, 44, 60
남정철　27~29, 72
남천우　159, 161, 163, 165
노무라　155
노백린　93
농군독서회　166
농군사　166
농촌부업　176

ㄷ

다카다케　156
단발령　28, 29

대동학회　60
『대조선독립협회회보』　33, 35
『대판신보』　49
『대한매일신보』　61
대한자강회　54
대한협회　54, 61
『대한협회회보』　54
대화혼　150
데라우치　61
도리소보통학교　175
도미타　169
독립공원　36
『독립노선』　157, 169
독립문　36
『독립신문』　33, 35, 42, 44, 64, 144
독립운동 노선　166
독립운동기지　95
「독립의 노래」　70, 179
독립협회　66, 75, 98
독립협회운동　31
독서회　149
독선생　13
동국사기　157
동문학　16, 17
동부연회　160
『동사략』　124, 127, 128, 130, 135, 157
동양척식주식회사　104, 137
동지회　50
동척회사　172
동학농민운동　20, 22, 24

ㄹ

류달영　125, 135, 139, 140
리기섭　177
리홍장　16

ㅁ

마이어스　164
만국평화회의　72
만민공동회　37, 39
만석보　22
맥켄지　35
명성황후 시해사건　39
명예전도사　78
모곡교회　151, 157, 160, 162, 164, 175, 177, 180
「모곡교회 진흥운동」　175
모곡학교　103, 109, 114, 118, 129, 139, 151, 154, 156, 158, 160, 167, 168, 175, 180, 183, 186
모화주의　131
묄렌도르프　16, 17
무궁화　87, 188
무궁화 보급운동　151, 154
무궁화 사랑　151
「무궁화 시조」　156, 157
무궁화공원　180
무궁화동산　109, 175, 180
「무궁화동산」　108
무궁화보급　188
무궁화보급운동　86
무궁화사건　139, 156, 158, 159, 178
무단통치　61, 95

무스　99, 164
문예부　130, 131, 133
문화정치　171
문화통치　124, 150
미쓰이회사　172
민영기　37
민영익　18
민영준　18
민영환　31, 66
민족개조론자　48
민족교육　60, 91, 92, 164
민족문화운동　60
민족운동가　188
민족자결주의　135
민족정신　68

ㅂ

박금산　177
박기동　60
박병도　165
박승빈　60
박영효　52, 72
박원명　23
박은식　44, 133, 141
박정양　18, 30, 40
반동작품　166
배명고등학교　185
배명중학교　185
배석하　21, 26
배재학당　12, 31, 33
배화학당　78~82, 85, 89~91, 94, 96, 98, 124, 150

배화학당 교가　80
베델　67
병보석　174, 175, 178
병자수호조약　15
보성사　63
보안법　159, 164
복벽주의　138
본처전도사　78, 99
봉제사　82
『불굴의 얼』　127
불법조약　15
불온사상가　162
브라운　27, 28
비밀결사단체　166, 168
비밀농민단체　166

ㅅ

사법권　53, 61
사사키　159, 164
사이토　150
삼국사기　157
삼위수도원　165
「삼천리 반도 금수강산」　118
「삼천리강산」　110
2·8독립선언　135
상동청년야학원장　94, 96
상동청년학원　92
생활교육　149
서거정　129
서대문형무소　170, 175, 178
서로사랑학교　180

서북학회　60
서상영　60
서울검찰청　164
서재필　31~33, 36, 93
서정순　37
서체본　188
세키노　89
소행조서　170
손화중　23
송달현　17
송덕비　26
송병휘　173, 174
송완식　157, 161
수세미　22
스미스　85
스크랜턴　92
스티븐슨　53
스페엘　48
시계미쓰　155
시라가와　154
「시일야방성대곡」　52, 67
「시절 잃은 나비」　104
『시조』　155
식민통치　171
신간회　165
신민회　92, 93
신앙운동　77
신찬식　118
신채호　44, 93, 141
『신편언문체법』　86
신현규　156, 157
심상과　31

심상학　18
심상훈　40, 67
3·1운동　79, 124, 135, 137, 141, 143, 150, 165
십자가당　161, 164~168
십자가당사건　159, 161, 164

ㅇ

아관파천　39
아동교육　148
안경수　32
양기탁　93
『양의사합전』　34, 35
양지과　31
양혜덕　100
어깨너머 공부　13, 15, 16
어전 통역관　18
얼굴도장　69
에베소청년회　162
ABC 서학　17
여두현　183
여병현　62
여성교육　44, 82, 83
역사교육　141
연통제　165
연희전문학교　145, 186
영어공부　17
영어학교　75
영어합창단　147
오세창　96
오태환　24
오화영　79, 98

옥중생활　177, 178
왕당파　36
왕정국가　138
외솔회　114
「용사의 노래」　112
용환각　182
『우리말본』　115
「우리의 낙원」　110
「운동가」　110
운요호사건　15
웅변대회　149
원대규　60
웨베르　48
유경상　79
유근　44
유근용　52
유길준　52
유동근　52
유맹　52
유면수　60
유신당　56
유인희　90
유자훈　161, 163, 165, 167
육아법　82
윤광선　173
윤봉길　154
윤치호　15, 32, 36, 37, 44, 70, 75, 77, 79, 93, 140, 162, 173, 174
『윤치호 일기』　76
은사금　61
을사늑약　52, 66, 67, 72
『을지문덕전』　135
의병운동　30

이경칠　20, 21
이근택　65, 66
이기동　40
이기섭　129, 157, 161, 163
이덕수　164
이도재　37
이동녕　93
이동휘　93
이만규　86
이매지　73
이미경　86
이병구　157
이보현　60
이봉균　157
이봉창　154
이상설　72, 93
이상재　37, 39, 44, 93, 96
이순삼　175
이순신　142
『이순신전』　135
이승만　93
이승훈　93
이시영　60
이완용　32, 37, 61, 71
이용익　38
이용익 사건　37
이용태　23
이위종　72
이윤석　159, 161, 163
이은상　180
이재순　37
이주환　60
이준　72, 93

이지용　40
이채연　27
이철경　86, 180
이토 히로부미　71
이필주　93
이홍영　68
이회영　93
『일신와만록』　26
일진회　53, 66
일진회 성주지부　65
「일하러 가세」　120
임병항　31
임시정부　165
임진왜란　142

ㅈ

자립생활　176
자치회　176, 177
장인환　54
장지연　44, 47, 52, 67
재건기성회　182
재건위원회　182
적색단체　163
전덕기　93
전명운　54
전봉준　22~24
전시체제　163
전인교육　148
절의부　130, 131, 133
정교　39
정구환　156, 175
정도일　156

정명여학교　164
정미7조약　53
정봉시　60
정상규　165
정신혁신운동　77
정재흡　173
정춘수　79
정치부　130, 131
정토종　73
정항모　37
정현동　69
정호면　60
조경제　157
조미수호통상조약　16
조민희　18
조병갑　22
조병식　49, 50
「조선교육령」　124
조선남감리회선교회　164
『조선니야이』　128, 131, 133, 135, 137, 139~141, 157
조선사　162
『조선어보충』　144
「조선의 노래」　105
「조선지리가」　121
조선총독부　61, 115, 117
『조선최근사』　135
조용구　148, 155, 185, 186
조차지　15
종교교회　75, 77, 78
종교사업　177
종두법　29
종로기독청년회관　178

주시경　33, 93
주우남　17
『중등 조선말본』　115
진명부인회　60
집강소　23
집행유예　163

ㅊ

차미리사　79
차상학　60
참정권　39
창가보급　188
창촌교회　160
채현식　18
청년운동　92
청년회　60, 67, 68
청일전쟁　20, 24
총독정치　170
최남선　93
최봉현　185
최상화　182
최석민　37
최시형　23
최언환　156
최정덕　37
최종락　60
최현배　115
춘천여자관　160, 164
치안유지법　159, 163
치외법권지역　15
친러파　36
친목단체　36

친일파　36, 67
칠곡유림회　26

ㅋ

캠벨　78, 79
크레스트당　162

ㅌ

탑골공원　27, 28
태양력　29
텐진조약　23
토론회　32, 36
통감부　67
통감정치　71
통리교섭통상사사무아문　16
통신강의록　62

ㅍ

폐정개혁 12개조　23
포스터　97

ㅎ

하세가와 요시미치　71
하야시　49
한서국민학교　182, 183
한서기념관　180
한서기념교회　180
한서문화제　180
한서선생기념사업회　180
한서중학교　183
한인애국단　154
한일병탄　77, 124, 135, 138, 173
합자회사　44
핼리팩스　16
헐버트　35, 67
헤이그 특사사건　72
현모양처주의　82
현산학교　53, 68, 69
현재호　138
협성회　31
호남학회　60
호상소　178
호수돈여학교　140
홍계훈　23
홍종숙　79
홍종우　40
홍천경찰서　156, 159, 163, 178
홍춘엡윗청년회　166
황국협회　40
『황성신문』　42, 44, 49, 52, 54, 64, 67, 138
후동교회　160
흥사단　60
흥화학교　31, 125

무궁화 사랑으로 삼천리를 수놓은 남궁억

1판 1쇄 인쇄 2012년 12월 20일
1판 1쇄 발행 2012년 12월 30일

글쓴이   이순자
기획   독립기념관 한국독립운동사연구소
펴낸이   김능진
펴낸곳   역사공간
           서울시 마포구 서교동 463-31 플러스빌딩 5층
           전화 : 02-725-8806~7, 팩스 : 02-725-8801
등록   2003년 7월 22일 제6-510호
ISBN 978-89-98205-03-4 03900

*잘못된 책은 바꿔 드립니다.